STADT Wien
BEKANNT

Frühstück & Brunch
in Wien

W0196132

|Holzbaum

INHALT

Stadtbekannt Medien GmbH (Hg.) Frühstück & Brunch in Wien
www.stadtbekannt.at

Fotos & Layout Stadtbekannt Medien GmbH
Grafische Umsetzung KoCo, www.koco.at
Druck Finidr, Teschen

Verlag Holzbaum, Wien
www.holzbaumverlag.at

1. Auflage 2015
ISBN 978-3-902980-31-1

VORWORT

Das Frühstück, die bekanntlich wichtigste Mahlzeit des Tages. Dass es nicht immer ein Frühstück bei Tiffany sein kann, wissen wir ja leider. Ob wir uns damit abgefunden haben, ist eine andere Sache. Aber wie viele abwechslungs- und facettenreiche Alternativen Wien zu bieten hat, das dürfte für viele vollkommenes Neuland sein. Ja, ihr habt richtig gelesen. Wien ist ein wahres Frühstücksparadies.

Habt ihr denn schon von dem Café gehört, wo ihr euer Frühstück bei Technoklängen genießen könnt? Oder euch durch die diversen Frückstückbuffets der eindrucksvollen und namhaften Hotels gekostet? Wisst ihr, wo man in Wien so ein richtig gutes irisches Breakfast bekommt?

Und habt ihr euch frühmorgens, nach einer durchzechten Nacht nicht schon mindestens einmal gefragt, welche Cafés euch jetzt noch reinlassen? Oder wolltet ihr schon immer einen Hauch der Wiener Kaffeehauskultur einatmen, wusstet aber nie wohin?

Wir retten euch davor, jedes Wochenende zu den gleichen Frühstücks-Etablissements zu pilgern, einfach weil euch nichts Neues einfällt.

Lasst euch also von uns erleuchten, denn STADTBEKANNT kennt sie alle, die Frühstück Hotspots unserer wunderschönen Hauptstadt.

ALLGEMEIN

Bevor wir euch in die Geheimnisse der besten Wiener Frühstückslokale einführen, gilt es noch ein paar Sachen zu klären und unser Wissen rund ums Frühstück mit euch zu teilen. Ganz wichtig, deswegen auch ganz am Anfang, die Frage: was isst ein Wiener eigentlich so in der Früh? Nicht verzagen, wir haben die Antwort.

ISS MORGENS WIE EIN WIENER

Zu einem typischen Wiener Frühstück gehören Kaffee, eine Semmel, das halbmondförmige Kipferl, Butter, Marmelade und ein weich gekochtes Ei. Und wer ganz traditionell unterwegs ist, der sollte dieses Frühstück in einem Wiener Kaffeehaus verputzen. Typisch wienerischer geht's kaum noch.

DAS OPTIMALE FRÜHSTÜCK

Wir können es nicht oft genug sagen, für uns ist das Frühstück die wichtigste Mahlzeit des Tages. Da es uns dabei hilft in den Tag zu starten. Idealerweise sollte es uns etwa 25% der täglichen Energiezufuhr liefern, das sind je nach Person etwa 350-450 Kalorien. Ein ausgeglichenes Frühstück besteht aus folgenden Nahrungsmittelgruppen:

- **Milch oder Milchprodukte**
  (z. B. Milch, Kakao, Joghurt, Käse, Quark)
- **Getreideprodukte**
  (z. B. Vollkorn- oder Knäckebrot, Haferflocken, ungezuckerte Cornflakes, ungezuckerte Müslimischungen)
- **Frisches Obst oder Gemüse**
  (z. B. Apfel, Zitrusfrüchte, Beeren, Paprika, Tomate, gelegentlich auch ein Glas Saft)

Die Stärke aus dem Brot oder Müsli bringt die notwendige Energie und verleiht ein anhaltendes Sättigungsgefühl. Somit können kleine Tiefs und Hungerattacken vermieden werden. Milch und Milchprodukte liefern hingegen wertvolle Proteine und Kalzium – damit sind sie unentbehrlich für die Knochen und Zähne. Frisches Obst und Gemüse ergänzen das Frühstück mit weiteren wichtigen Mineralstoffen und Vitaminen. Ein Getränk darf auf keinen Fall fehlen – die Flüssigkeitsaufnahme am Morgen hilft dabei, den Organismus nach der Nachtruhe zu reinigen.

UNNÜTZES FRÜHSTÜCKSWISSEN

Wir konnten es wieder einmal nicht sein lassen und haben euch das Wissen rund ums Frühstück zusammengetragen, das ihr nie brauchen werdet. Und euch trotzdem sicherlich brennend interessiert:

Menschen, die regelmäßig das Frühstück ausfallen lassen, haben nach einer Untersuchung der University of Massachusetts ein um 450% gesteigertes Risiko, übergewichtig zu werden. Kaffee stellt übrigens kein komplettes Frühstück dar, auch wenn man es sich manchmal wünscht.

Der Durchschnittsmensch verspeist sein Frühstück wochentags um 7:31 Uhr und am Wochenende um 8:28 Uhr. An Werktagen frühstückt der Durchschnittsmensch 16 Minuten, am Wochenende 24 Minuten.

Der beliebteste Frühstücksort ist der eigene Tisch – entweder allein oder mit anderen Familienmitgliedern. Auf Platz zwei folgt das Sofa. Daheim ist es dann doch am schönsten!

Milch gilt aufgrund des hohen Nährstoffgehalts eigentlich nicht als Getränk sondern als Nahrungsmittel.

Wissenschaftler haben statistisch nachgewiesen, dass zwischen dem Charakter eines Menschen, der Lebensweise und der Art, wie er sein Ei mag, durchaus eine Verbindung besteht:

• Menschen, die am liebsten pochierte Eier essen, gehen gerne aus und gelten als lebensfroh.
• Menschen, die am liebsten gekochte Eier essen, sind chaotisch.
• Spiegelei-Esser sind sexuell sehr aktiv.
• Rührei-Genießer sind eher zurückhaltend.
• Omelette-Esser haben eine große Selbstdisziplin.

WISSENSWERTES ...

... RUND UM DIE MILCH

Etwa 66% der Erwachsenen leiden an Laktoseintoleranz und können die Laktose in der Milch somit nur schlecht verdauen – Symptome sind u.a.: Blähungen, Bauchschmerzen, Übelkeit und Durchfall. Alternativen gibt's mittlerweile jede Menge: Soja-, Hafer-, Mandel- und Kokosmilch sind nur ein paar Beispiele. Schmecken gut und sind eine willkommene Abwechslung.

Milch gilt als wichtige Kalzium-Quelle, die Knochen stark und fest machen soll. Aber: Gleichzeitig soll Milch auch Brust- und Prostatakrebs hervorrufen, zumindest behaupten das Wissenschaftler der Harvard Universität.

Aus der Milch von Kühen, Schafen und Ziegen wird Käse hergestellt. Das passiert indem Lab hinzugefügt wird. Das lässt dann das Milchei-weiß Kasein gerinnen. Und fertig ist der leckere Käse. Oder so.

Österreicher konsumieren durchschnittlich ca. fünf Liter Milch pro Monat.

... RUND UM GETREIDE, BROT UND MÜSLI

Die Ägypter waren die Ersten, die Brot mit Hefe gebacken und die Back-öfen weiter entwickelt haben. Über Griechenland und das Römische Reich wurde die Kunst des Brotbackens nach Europa gebracht.

In Mitteleuropa wird bereits seit 6.000 Jahren Getreide gesät und geerntet.

Die ältesten Brote, die vollständig erhalten sind, stammen aus der Jung-steinzeit. Mahlzeit!

Bis vor 200 Jahren wurde Brot mit Hilfe von Sauerteig hergestellt. Danach stieg man großteils auf Hefe als Triebmittel um.

Brot gilt als der beste Frühstückspartner (230 kcal/100 g und 0% Fett). Vollkorn, Roggen, Kleie: Alle vollwertigen Brotsorten sättigen und enthalten reichlich Ballaststoffe, Vitamin B und Magnesium.

Knäckebrot und schwedisches Brot werden zwar oft mit Diäten in Verbindung gebracht, sind aber doch recht kalorienhaltig (400 kcal/100 g für Knäckebrot und andere gerösteten Brotsorten) und enthalten viel Fett. Vor allem hält das Sättigungsgefühl nicht lange an.

Müsli sollten alle vermeiden, die auf ihre Linie achten. Mit Ausnahme von Haferflocken oder Müsli ohne Zucker. Alle anderen Müslizubereitungen sind sehr kalorienhaltig (durchschnittlich 350 kcal/100 g), werden vom Organismus schnell aufgenommen und in Fett verwandelt – auch die Sorten, die (den Herstellern zufolge) extra für die schlanke Linie entwickelt wurden.

38% der Österreicher essen am liebsten Korngebäck oder Vollkornbrot zum Frühstück.

25% der Österreicher frühstücken mehrmals die Woche Cornflakes und Müsli.

KAFFEE VS. TEE

Was wäre ein Frühstück ohne ein ordentliches Häferl Kaffee. Oder vielleicht doch lieber Tee? Hier scheiden sich die Geister der Bevölkerung. Doch was ist der bessere Wachmacher? Kaffee hat Koffein, Tee dafür Teein. Mit Bestimmtheit kann man sagen, dass Kaffee schneller wirkt als Tee, nämlich schon nach etwa 15 bis 30 Minuten. Übrigens trinken etwa 75% der Österreicher Kaffee zum Frühstück.

WENN DER HAHN KRÄHT, DANN IST DAS EI NICHT WEIT

Wie magst du deine Eier am liebsten? In der Hollywoodschnulze »Die Braut, die sich nicht traut« spielt Julia Roberts eine Frau, deren Lieblingseigericht sich immer brav an das ihres Ehemannes anpasst. Ist ja auch ganz schön schwierig sich selbst zu entscheiden, bei der Unzahl an vorhandenen Möglichkeiten. Wir finden ja, dass ein Ei-Gericht jedes Frühstück ein bisschen aufwertet. Aber was genau ist denn jetzt der Unterschied zwischen einem Stunden-Ei und einem Ei in Glas? Und was genau ist dieses Ei Benedict? Eine kleine Einführung in die Ei-Kunde haben wir für euch vorbereitet:

Stunden-Ei: Das Ei wird eine Stunde lang (daher der Name!) im Wasserbad bei exakt 62° C gegart, dann in lauwarmes Wasser gegeben und durch leichtes Löffelschlagen geöffnet.

Ei im Glas: Hierbei handelt es sich um ein sehr weich gekochtes Ei, das aus der Schale in ein kleines Glas geschlagen wird und dann sofort auf den Tisch kommt. Meist nimmt man nur Salz und Pfeffer, manchmal auch Worcestershiresauce dazu.

Ei Benedict: Die pochierten Eier mit Schinken und Sauce Hollandaise dürfen auf keinem amerikanischen oder englischen Frühstücksmenü fehlen.

Pochiertes Ei: Jaja, wir haben euren fragenden Blick erahnt. Pochierte Eier nennt man manchmal auch verlorene Eier. Sie werden ohne Schale, also quasi nackt, in knapp siedendem Wasser sanft gegart (pochiert).

Eierspeise: Unseren deutschen Freunden sagt Rührei vielleicht mehr. Nur klingt Eierspeise gleich viel deftiger.

FRÜHSTÜCKS-VERWEIGERER

Es gibt sie ja, diese Menschen, die nicht viel von Essen am Morgen halten. In Österreich sind es sogar 29% der Bevölkerung. Sie vertilgen nicht einmal das kleinste Stückchen Brot und genehmigen sich im besten Fall ein Häferl Tee oder Kaffee. Der Magen muss leer bleiben. Wir verstehen das ja gar nicht. Schon unsere Mütter haben uns nicht aus dem Haus gehen lassen, ohne zumindest einen Löffel von dem Müsli gegessen oder kurz an dem Butterbrot genagt zu haben.

ABER WAS PASSIERT, WENN WIR AUF DIESE ERSTE MAHLZEIT VERZICHTEN?

Unser Körper kann nicht ordentlich arbeiten. Das ist klar. Was vielleicht überraschender ist, ist die Tatsache, dass der Frühstücksverzicht auch kalorientechnisch kontraproduktiv ist. Wer also im Glauben, damit Kalorien zu sparen, auf diese leckere Mahlzeit verzichtet, der irrt. Das Frühstück gibt dem Körper den Treibstoff, sowohl körperlich als auch geistig, um arbeiten zu können. Bleibt diese Lieferung aber aus, so bleibt ihm nichts anderes übrig als auf die Reserven zurückzugreifen – und wir laufen auf Sparflamme. Klingt nicht so schlecht? Den ganzen restlichen Tag über wird dann mehr eingelagert. Und am Ende steht man dann doch ein bisschen schlechter da als der Frühstücker.

KURIOSE FRÜHSTÜCKSTRADITIONEN RUND UM DEN GLOBUS

Manche Frühstückstraditionen sind uns ja schon beinahe so bekannt wie unsere eigenen. Vor allem britische und französische Frühstücksgerichte finden sich bei uns immer öfters. Aber was kommt eigentlich in anderen Ländern morgens traditionell auf den Tisch?

Bolivien: In Bolivien gibt es morgens Mais und das in vielen Kombinationen – beispielsweise gefüllte Teigtaschen oder Maisteigauflauf mit Fleisch. Dazu gibt es ein heißes Getränk, das überraschenderweise auch mit Maismehl zubereitet wird. Da wird das enthaltene Wasser und der Zimt zur Nebensache.

China: In China frühstückt man traditionell eine Reis- oder Nudelsuppe mit Fladenbrot und Sojamilch. Grüner Tee gehört hier einfach dazu.

Indien: Frühmorgens gibt es hier schon kleine Reisbällchen mit scharfer Paste und würziger Soße. Der Gewürztee Chai sorgt für die süße Note.

Indonesien: Das indonesische Frühstück unterscheidet sich nur wenig von den anderen Mahlzeiten des Tages. Serviert wird Reis mit unterschiedlichen Beilagen wie etwa Nasi Goreng. Süßkartoffeln oder Maniok sind genauso ein fixer Bestandteil wie Tee, Kaffee und Wasser.

Japan: Das Frühstück besteht in Japan traditionell aus Reis, Omeletteröllchen, gebratenem Fisch vom Vortag, einer Misosuppe, sauer eingelegtem Gemüse und Seetang. Dazu trinkt man grünen Tee.

Lesotho: Gegessen wird hier Getreidebrei aus Mais. Dazu gibt es dann gekochte oder saure Milch! Hirsebrei, hausgemachtes Brot aus Weizenmehl und schwarzer Tee sind ebenso üblich.

Russland: Milchbrei und ein gekochtes Ei oder Spiegelei sind typische Gerichte eines russischen Frühstücks. Ein Butter- oder Käsebrot sollte auch nicht fehlen.

Schweden: Typisch schwedische Speisen wie Köttbullar, Fisch und Knäckebrot werden hier schon zum Frühstück serviert. Außerdem gibt es Eier und Brötchen.

Bestelle bei einem von + 1.300 Lieferdiensten auf Lieferservice.a

AM MARKT

Die frischesten Zutaten finden sich meistens am Markt. Kein Wunder also, wenn sich unmittelbar dort, wo Lebensmittel frisch und regional verkauft werden, auch Lokale ansiedeln, die aus den Zutaten ein leckeres Frühstück zaubern. Ein Glück für uns Marktbesucher, denn so können wir vor, nach oder während dem Marktbummel frühstücken, Kaffee trinken und einfach den Tag genießen.

Zimmer37

ZIMMER37
Karmelitermarkt 37-39
1020 Wien
www.zimmer37.at

Das Zimmer37 wird von Mutter und Tochter geleitet und hat sich auf die 5-Elemente-Küche spezialisiert. Hier gibt es ein täglich wechselndes vegetarisches Mittagsmenü nach eben dieser Küche und ein paar kleine Frühstücksvarianten. Der Gastgarten lädt zum Verweilen ein und auch die liebevolle Einrichtung trägt ihren Teil zur gemütlichen Atmosphäre des Lokals bei. Vegetarische Kost, Haferflockenbrei, ein Wiener Frühstück oder das Vital-Frühstück bereiten einem hier einen wunderschönen Tagesbeginn.

cafemima

CAFEMIMA
Karmelitermarkt 21-24
1020 Wien
www.cafemima.at

Liebevoll eingerichtet und sowohl innen wie auch außen gemütlich zum Sitzen und Verweilen präsentiert sich das cafemima am Karmelitermarkt. Besonders der vergleichsweise große Gastgarten lädt dazu ein, das bunte Treiben am Markt zu beobachten. Das Personal im cafemima überzeugt mit authentischer Freundlichkeit und ist stets bemüht um das Wohl seiner Gäste. Von den Speisen kann man eigentlich nur eines sagen: sehr frisch, sehr köstlich und mehr als ausreichend. So ist auch das Frühstück, das von Montag bis Freitag von 8:00 bis 12:00 Uhr und samstags sogar ganztätig angeboten wird, einfach vorzüglich!

nelke – cafe am markt

Feines Frühstück, bunt zusammengewürfeltes Vintage-Mobiliar und eine entspannte alternative wie berlineske Wohnzimmeratmosphäre locken den geneigten Ganztagsfrühstücker ins Café Nelke am Volkertmarkt. Denn so bunt wie das Lokal ist auch das Speiseangebot. Neben vorgegebenen Frühstücksvarianten werden hier »Extrawürschtl« in Form von Pitas, Guacamole, Melanzani-Aufstrich oder frisch gepresstem Saft angeboten. Das Frühstück bekommt man hier von 10:00 bis 22:00 Uhr. Sonntags hat das nelke geschlossen. Im Sommer ist der liebevolle, offen und blütenreich gestaltete Gastgarten ein Anziehungspunkt; im Winter sitzt man drinnen sehr bequem. Einen Abstecher zum Volkertmarkt bereut man also auf keinen Fall!

NELKE – CAFE
AM MARKT
Volkertmarkt Stand 38-39
1020 Wien
www.nelke.at

tewa

Alles Bio oder was? »Tewa« bedeutet »Natur« auf hebräisch und dieses Thema zieht sich sowohl im tewa am Karmelitermarkt als auch im tewa am Naschmarkt durch. Zusätzlich führt der Besitzer einen Bio-Laden, wo man auch selbst shoppen kann. Das Frühstück wird bis 16:00 Uhr angeboten; sonntags sind die Pforten des tewa geschlossen. Das Preis-Leistungs-Verhältnis ist hier mehr als in Ordnung, außerdem gibt es zu vielen Frühstücksvarianten leckeres Mango-Lassi dazu. Das mögen wir!

TEWA AM
KARMELITERMARKT
Karmelitermarkt Stand 29-31
1020 Wien
www.tewa-karmelitermarkt.at

TEWA AM
NASCHMARKT
Naschmarkt Stand 672
1040 Wien
www.tewa-naschmarkt.at

Naschmarkt Deli

Im Naschmarkt Deli kann man vorzüglich (vor allem orientalisch) speisen; auch für die facettenreiche Getränkekarte ist das Naschmarkt

Milchbart

NASCHMARKT DELI
Naschmarkt
Stand 421–436
1040 Wien
www.naschmarkt-deli.at

Deli bekannt. Wir kommen sehr gerne zum Frühstück, denn das gibt es immerhin von 7:00 bis 16:00 Uhr. Die Auswahl kann man durchaus ausgewogen nennen und auch die Teller werden reichlich befüllt. Wir können vor allem das Bagel-Frühstück sehr empfehlen. Was hier übrigens noch besonders ist: Die Marmelade und das Brot werden selbst gemacht. Yummi!

Milchbart

MILCHBART
Meidlinger Markt 6-8
1120 Wien

Das Milchbart am Meidlinger Markt ist jung, hipp und manchmal ein bisschen unberechenbar – aber im guten Sinne. Da zahlt es sich aus, auf der Facebook Seite up-to-date zu bleiben und vielleicht auch für das Gericht der Wahl abzustimmen, das freitags immer vom Chef gekocht wird. Zum Frühstück gibt es unter der Woche kleine Frühstückssnacks

wie Schokocroissants und gefüllte Bagels.
Am Wochenende gibt's dann aber den großen
Frühstücksteller, der das Herz aller Frühstücker
verzaubert. Sitzen könnte man hier ewig und
und schmecken tut's auch allen.

Cafe An-Do

Das erste Plus verdient sich das An-Do schon
einmal dadurch, dass Frühstück unter der Woche bis 16:00 Uhr angeboten wird. Das zweite
Plus wird für die leckere Auswahl vergeben:
Halloumi-Frühstück, Lachs-Frühstück, Bau-
ernfrühstück und verschiedenste internationale
Spezialitäten. Aller guten Dinge sind drei: der
Gastgarten des An-Do kann sich sehen lassen. Dort zwischen Brunnenmarkt-Bummlern
kann man schon eine Weile verweilen.

CAFE AN-DO
Brunnenmarkt Stand 161
1160 Wien
www.ando.at

Dellago

Jung, modern und groß kommt das Dellago
herüber, das sich in die Lokalreihe in der Payergasse einfügt. Während täglich bis 15:00 Uhr
verschiedene Frühstücksvariationen angeboten
werden, setzt man am Wochenende und an
Feiertagen auf ein großzügiges Brunchbuffet.
Von 10:00 bis 15:00 Uhr kann im Dellago dann
so richtig geschlemmert werden. Viel Bio gibt es
hier und auch viel Frisches vom Markt.

DELLAGO
Payergasse 10
1160 Wien
www.dellago.at

Himmelblau

Himmelblau ist nicht nur der Name des Cafés,
sondern auch die Innenausstattung und gene-

HIMMELBLAU
Kutschkergasse 36
1180 Wien
www.himmelblau18.at

rell das Ambiente in diesen kleinen Räumlich-keiten. Wer nach Wohnzimmeratmosphäre, hochwertigen Zutaten und italienischem Kaffee sucht, der findet all das hier. Frühstück gibt's von klein bis üppig und egal welches man bestellt, es ist garantiert mit Liebe zurbereitet. Gleich nebenan findet man auch den Kutsch-kermarkt, falls man gerade auf Shoppingspree ist, aber in Wirklichkeit will man eh nur im Himmelblau sitzen bleiben, wenn man mal da ist, weil es ganz einfach nett ist.

Pöhl's Cantine

PÖHL'S CANTINE
Kutschkermarkt 31
1180 Wien
www.kaesestand.at

Pöhl's Cantine ist die Sitzenbleib-Variante des Pöhl's Käsestands am Kutschkermarkt und befindet sich direkt gegenüber. Hier werden Käsespezialitäten und auch noch andere frische Marktzutaten zu täglich wechselnden Menüs verarbeitet. Auch drei verschiedene Frühstücksvariationen (wo der Käse natür-lich nie fehlen darf) werden angeboten. Die Speisen können auch zur Abholung vorbestellt oder für ein Catering selbst zusammengestellt werden. Alles in allem lässt es sich auf jeden Fall aushalten bei Pöhl's in der schick-moder-nen Cantine.

IM SCHANIGARTEN

Die Suche nach dem richtigen Sitzplatz gestaltet sich vor allem in den Sommermonaten als eine Herausforderung. Zwar erhöht sich in den Lokalen die Sitzplatzanzahl, weil ein Gastgarten dazukommt – nur möchte dann eben jeder genau dort im Grünen sitzen. Es sind ja auch wirklich schöne Plätze, so unter Weinreben oder neben Springbrunnen. Die schönsten Frühstückslokale mit noch schöneren Gastgärten haben wir für euch gesammelt!

caffe DELIA'S

CAFFE DELIA'S
Tuchlauben 8
1010 Wien
www.caffedelias.com

Mit einer stylischen Mischung aus Kaffeehaus und Bar ist das caffe DELIA'S irgendwie eine gute Anlaufstelle für jeden und zu jeder Uhrzeit. Das Frühstück ist abwechslungsreich und erfrischend anders. Der Schanigarten stellt eine ideale Erweiterung dar, die sowohl im Sommer als auch im Winter mit den bereitgestellten Decken gerne genutzt wird. Liebevoll gestaltete Details versüßen einem den Aufenthalt – da ist eine Konkurrenz wie Starbucks schnell vergessen.

Café Mozart

CAFÉ MOZART
Albertinaplatz 2
1010 Wien
www.cafe-mozart.at

Das Café Mozart ist ein Klassiker unter Wiens Kaffeehäusern. Bereits 1794 fand man an diesem Ort ein Kaffeehaus vor. Mehr als ein Jahrhundert später schrieb ein Stammgast namens Graham Greene hier das Buch »Der Dritte Mann«. Auch heute, ein knappes Jahrhundert später, lädt das Café zum Verweilen ein: Gemütliches und zugleich historisches Mobiliar, elegant gewandete Kellner und auch die großformatigen Tageszeitungen fehlen hier nicht. Die Frühstücksauswahl, aus der täglich von 8:00 bis 11:30 gewählt werden kann, ist zwar auf die klassischen Kombinationen begrenzt, aber was macht das schon? Man ist ja schließlich in Alt Wien ...

Café im Schottenstift

Frühstück von 7:00 bis 11:00 Uhr, wie man es sich im Wiener Kaffeehaus erwartet. Semmel, Butter, Marmelade, eine Melange und schon kann man eine Weile sitzenbleiben und schau-en. Das gehört einfach dazu, in einem Kaffee-haus dieser Sorte. Falls man sich sattgesehen und am Frühstück sattgegessen hat, dann kann man auch zum Lesen einer Tageszeitung oder einfach zur nächsten Mahlzeit übergehen. Im Café Schottenstift gibt es eh von morgens bis abends alles was man braucht.

CAFÉ IM
SCHOTTENSTIFT
Schottengasse 2
1010 Wien
www.cafeimschottenstift.at

Gasthaus Wild

Umzingelt von riesigen Topfpflanzen und Hecken lässt es sich ganz wunderbar und abgeschottet im Schanigarten vom Gasthaus Wild sitzen. Im Gasthaus selbst findet man traditionelles Wirts- und Kaffeehaus-Interieur vor. Trotz des trügerisch-altmodischen Aussehens merkt man bald, dass die Zielgruppe durchaus ein junges Publikum ist. Wer mit einem traditionellen Frühstück leben kann, ist hier genau richtig. Die Bedienung ist freundlich, das Ambiente traditionell, aber umgeben von jugendlichem Flair und viel Grün. Ein durchwegs sympathisches und empfehlens-wertes Lokal.

GASTHAUS WILD
Radetzkyplatz 1
1030 Wien
gasthaus-wild.at

Kantine m101

Die Kantine m101 hat ihren Namen von der Hausnummer, in der sie beherbergt ist. Bei der Mariahilfer Straße 101 befindet sich ein schöner Innenhof, in dem sich unter anderem auch das Elektro Gönner versteckt. Wer die Kantine m101 einmal gefunden hat, der wird besonders im Sommer von Speis, Trank und Ambiente begeis-

KANTINE M101
Mariahilfer Straße 101
1060 Wien
www.kantine.at

tert sein. Das Frühstücksangebot ist hier nicht sonderlich umfangreich, dafür sehr klassisch und durchaus preiswert. Wahlweise kann man im ruhigen Hof den schattigen Gastgarten genießen oder im Schanigarten direkt auf der Mariahilfer Straße das hektische Treiben beobachten.

Amerlingbeisl

AMERLINGBEISL
Stiftgasse 8
1070 Wien
www.amerlingbeisl.at

Das Amerlingbeisl ist eines der Lokale am Spittelberg, die sowohl im Winter als auch im Sommer unschlagbar sind. Im Winter lockt einen während des Christkindlmarkts leckerer Marillen-Ingwer Punsch in den Innenhof und im Sommer ist dieser kleine Gastgarten sowieso einfach nur idyllisch. Von oben bezaubern einen die Weinranken und am Abend genießt man in Gesellschaft atmosphärischer Lampions den Wein. Da fühlt man sich doch gleich wie im Urlaub. Täglich von 9:00 bis 15:00 Uhr gibt es im Amerlingbeisl eine kleine Auswahl an leckeren Frühstücksvariationen.

Café Tobman

CAFÉ TOBMAN
Zieglergasse 13
1070 Wien

Ein wahrhaftiger Geheimtipp, der sowohl mit günstigen Speisen und gutem Kaffee als auch mit einem überraschend charmanten Ambiente überzeugt. Und das vor allem im Sommer, wenn der Schanigarten geöffnet ist. Der ist eine richtige Ruheoase inmitten des sonst so stressigen 7. Bezirks. Brunnengeplätscher, Pflanzen ringsum und preiswerte Angebote – hier kann man schon mal ein bisschen länger sitzen bleiben.

DEMMERS TEEHAUS

Lust auf puren Tee-Genuss?

Besuchen Sie uns im Teesalon von
DEMMERS TEEHAUS und genießen Sie
eine große Auswahl an delikaten Tees
und kleine kulinarische Snacks.

Mölker Bastei 5, 1010 Wien, Teesalon im 1. Stock
Mo-Fr 10.00 bis 18.00 Uhr

www.tee.at

„DRINK DIRECT TRADED, TRACEABLE COFFEES.
MY SINGLE VARIETIES ARE SELECTED WITH CARE
AND ROASTED WITH LOVE, FOR YOU."

JOHANNA WECHSELBERGER

Freshly roasted coffees for espresso- and filtermethods.
Buy them for your store, office, special events or home.
isit me online at **www.dieroesterin.at** and **www.viennaschoolofcoffee.at**

IM PARK

Hält man die Augen ein bisschen nach Grünflächen in Wien offen, bemerkt man sogleich, dass es ihrer gar nicht so wenige gibt. Dass sich in den meisten Parkanlagen auch noch Lokale verstecken, die noch dazu ein herrliches Frühstücksangebot haben, vergisst man jedoch allzu schnell wieder. Darum wollen wir sie euch noch einmal in Erinnerung rufen, die schönsten Frühstückslokale in Parks.

Palmenhaus

PALMENHAUS – CAFE
BRASSERIE BAR
Burggarten 1
1010 Wien
www.palmenhaus.at

Palmenhaus – Cafe Brasserie Bar

Romantisches Urlaubsflair auf der Terrasse, tropische Gefühle im Inneren des Lokals – das Palmenhaus punktet mit seiner einzigartigen Atmosphäre. Das Frühstücksangebot ist abwechslungsreich und hält für jeden Geschmack etwas Passendes bereit – ob der guten Qualität ist es seinen Preis wirklich wert. Von 10:00 bis 13:00 Uhr gibt es die wichtigste Mahlzeit des Tages, abends sollte man das Augenmerk auch auf die Barkarte richten, denn diese verspricht Cocktails zum Verlieben.

Volksgarten Pavillon

VOLKSGARTEN
PAVILLON
1010 Wien
www.volksgarten-pavillon.at

Dieses kleine Paradies ist leider nur über die Sommermonate – also von April bis September – geöffnet. Dafür freuen wir uns dann umso mehr. Dienstags abends hat sich die

Lokalität durch das Techno Café ab 18:00 Uhr einen Namen gemacht, aber auch sonst ist im Pavillon immer was los. Schön sitzen kann man dort, mitten im Garten – und vor allem für ein Frühstück in der Morgensonne eignet sich der Volksgarten Pavillon ganz vorzüglich. Man muss jedoch schnell sein, denn das Frühstücksangebot gibt es täglich nur zwischen 11:00 und 13:00 Uhr.

Die Bunkerei

Die Bunkerei – das ist für viele das Versprechen einer Auszeit vom Großstadtchaos. Hier sitzt man in einem Gastagarten, den man eigentlich nur urig und gemütlich nennen kann und ist vom Augarten umgeben. Idylle pur also. Das Frühstück schmeckt, die Atmosphäre stimmt und irgendwie ist es ja auch einmal etwas Anderes. Wie oft hat man denn schon die Möglichkeit, in einem ehemaligen Schutzbunker zu schmausen?

DIE BUNKEREI
Obere Augartenstraße 1a
1020 Wien
www.bunkerei.at

Meierei im Prater

Zum Glück hat die Meierei im Prater das ganze Jahr über geöffnet. Sowohl im Sommer als auch im Winter ist das Ambiente dort ein Traum. Obwohl natürlich ein Frühstück auf der Terrasse gleich viel besser schmeckt. Die Meierei selbst ist für ihre Mehlspeisen bekannt: hausgemacht, köstlich und kalorienreich. Ansonsten wird traditionelle Wiener Küche serviert und auch beim Frühstück überzeu-

MEIEREI IM PRATER
Hauptallee 3
1020 Wien
www.meierei.at

gen die Klassiker. Wenn man da so sitzt, mit Kaffee, Gebäck und Sonnenschein, dann fühlt man sich fast ein bisschen wie bei einem Kuraufenthalt.

Meierei im Stadtpark

MEIEREI IM STADTPARK
Am Heumarkt 2A
1030 Wien
www.steirereck.at/meierei

Schick, schick geht es zu in der Meierei am Stadtpark. Da sitzen die Business-Luncher und die Anzugträger und genießen auf weißen Tellern, was das Personal mit weißen Handschuhen zuvor serviert hat. Demenstrechend ist auch das Frühstück eine Angelegenheit, die man sich einmal leisten darf. Die Qualität ist wirklich top, verbindet man die Meierei im Stadtpark doch auch mit dem Stereieck. Auch das Ambiente ist etwas Besonderes. Weiß und sauber, lecker und hochqualitativ und bestimmt nicht etwas für jeden Tag. Das ist die Meierei im Stadtpark.

Landtmann's Jausen Station

LANDTMANN'S
JAUSEN STATION
Schloß Schönbrunn
Kronprinzengarten
1130 Wien
www.landtmann-
jausenstation.at

Die Landtmann's Jausen Station mitten im Schönbrunner Schlosspark ist etwas für Sitzenbleiber. Vor allem an sonnigen Tagen natürlich, denn hier herrscht ein wunderschönes Ambiente. Empfehlenswert ist es auch, schon für den Brunch oder das Frühstück zu reservieren und den ganzen Tag zwischen Park, Prunk und Frischluft zu verbringen. Das Frühstücksangebot in der Landtmanns's Jausen Station lässt keine Wünsche offen und verspricht viel Gutes aus biologischen Zutaten.

Kaffeegenüsse werden von Julius Meinl in Alt-Wiener Manier serviert und könnten sich in das Gesamtkonzept nicht besser einfügen. Das Ambiente ist liebevoll gestaltet und auch Kinder kommen hier, in einem abgegrenzten Bereich, voll auf ihre Kosten.

Mayerei im Türkenschanzpark

Der Türkenschanzpark ist ja sowieso schon eine Oase – da darf ein schönes Lokal auch nicht fehlen. In der Mayerei im Türkenschanzpark wird österreichische Küche aufgetischt, was aber nicht heißt, dass nur schwere Fleischkost angeboten wird. Täglich gibt es variierende Mittagsmenüs, bei denen auch die vegetarische Auswahl nicht fehlt. Im Gastgarten des Restaurants hat man einen wirklich schönen Blick ins Grüne und kann sich dort eine kleine Verschnaufpause gönnen. Das Frühstück gibt's hier den ganzen Tag über.

MAYEREI IM
TÜRKENSCHANZPARK
Hasenauerstraße 56
1180 Wien
www.mayerei-tuerkenschanzpark.at

MITTEN IM GESCHEHEN
IE RUHE GENIESSEN

KANTINE m101
Das Hoflokal in der Mariahilfer Straße

ariahilfer Straße 101 im Hof, 1060 Wien
/ 596 51 73 | www.kantine.at

oßer Gastgarten mit Wärmestrahler
r kühlere Tage
lan frei

KANTINE m[101]
Das Hoflokal in der Mariahilferstraße.

FRÜHSTÜCK
Montag – Freitag: 8:00 – 11:00 Uhr
Samstag: 10:00 – 16:00 Uhr

ÖFFNUNGSZEITEN
Montag – Freitag: 8:00 – 1:00 Uhr
Samstag: 10:00 – 22:00 Uhr
Sonntag, Feiertag Ruhetag

AM WASSER

Dieses Kapitel ist etwas für die Sommermonate. Wenn es morgens schon so heiß ist, dass man sich nach einer nassen Abkühlung sehnt und die Sonne schon um 9:00 Uhr ein Spiegelei braten könnte. Ein Frühstück beim kühlen Nass – ob Strandbar, See oder Donau – Wien hat schon ein paar Wasseroasen zu bieten und obendrein auch noch Frühstückslokale direkt nebenan.

Café Motto am Fluss

CAFÉ MOTTO
AM FLUSS
Franz Josefs Kai 2
1010 Wien
www.motto.at

Im Motto am Fluss wirkt alles, was sonst ganz unspektakulär ist, auf einmal um vieles spannender. Das weiche Ei wird mit Zitronen-Pfeffersalz serviert, die Marmelade ist selbstgemacht, das Brot kommt vom eigenen Bäcker und die Bezeichnungen der Frühstücksangebote stehen allesamt unter dem Motto »Marine«.

Passt ja auch, wenn man an der Twin City Liner-Anlegestelle in einem schicken Restaurant und Café sitzt, das aussieht, als wäre es ein Schiff. Wem das Frühstück im Café zu wenig wird, obwohl es bis 16:00 Uhr serviert wird, der muss sich hier einen romantischen Dinner-Abend leisten und den Blick auf das andere Ufer genießen.

Badeschiff

BADESCHIFF
Donaukanallände
1010 Wien
www.badeschiff.at

Noch zentraler kann man in Wien eigentlich nicht baden gehen. Ein Schiff am Donaukanal, mit Pool an Deck, Club in der Kajüte und leckerem Angebot aus der Kombüse. Betritt man das Badeschiff, könnte man eigentlich fast vergessen, dass man sich auf dem Wasser befindet, so gemütlich ist es dort. Frühstücken kann man am Wochenende von 10:00 bis 17:00 Uhr und sonst gibt es immer wieder Programm. Von Flohmarkt bis Eisstockschießen und ausgiebigen Club-Abenden hat man hier schon die verschiedensten Tage und Abende verbracht.

Urania – Cafe Bar Lounge

Das Urania am Donaukanal punktet auf jeden
Fall mit Ausblick und Lage. Direkt am Wasser
kann man zum einen die andere Uferseite
bewundern, zum anderen auch den Donaukanal selbst. Das Café ist hell und stilvoll und
auch die Speisen überzeugen durch Qualität.
Frühstück gibt's hier den ganzen Vormittag und
am Wochenende sogar noch ein bisschen
länger. Da bleibt man doch gerne sitzen,
genießt die Aussicht und geht vom Frühstück
zum Abendessen über!

URANIA – CAFE BAR
LOUNGE
Uraniastraße 1
1010 Wien
www.uraniaentertainment.at

Marina Restaurant

Mit Aussicht auf die schöne blaue Donau frühstückt man im Restaurant des Yachthafens Marina Wien. Das geräumige, modern-gediegen
eingerichtete Lokal mit Galerie und Terrasse
lädt zum ruhigen Genießen ein: Ob »Matrosen-
Frühstück« (Schinken, Käse, Ei, Orangen- oder
Grapefruitsaft und Kaffee) oder gleich »Kapitän-
Frühstück« (große Portion Ham & Eggs, Butter,
Marmelade, Saft und Kaffee), es schmeckt und
macht gute Laune. Im Marina Restaurant Wien
gibt es von 9:00 bis 11:00 Uhr Frühstück. Seit
die U2 verlängert wurde, ist das Restaurant
auch vom Zentrum aus wunderbar schnell zu
erreichen. Nur etwa 10 Minuten verbringt man
in der U-Bahn, von der Station »Donaumarina«
geht es direkt zum Yachthafen.
Ein kleiner Tipp zum Schluss: Adrenalin-Jun-
kies nutzen die anbei gelegene Freizeitanlage,

MARINA RESTAURANT
Handelskai 343
1020 Wien
www.marina-restaurant.at

um per Flying Fox an einem Stahlseil über die Donau zu schweben oder beim Speedboot-Fahren den Rausch der Geschwindigkeit zu erleben!

Strandbar Herrmann

STRANDBAR HERRMANN
Herrmannpark
1030 Wien
www.strandbarherrmann.at

Die meisten kennen sie von lauschigen Abenden im Liegestuhl mit den Füßen im Sand. Erst die rot sinkende Sonne, dann bunt glitzerndes Donaukanal-Wasser, dazu Cocktails und ab und zu stimmungsvolle Live-Fußballübertragungen.

Dass sich hier allerdings auch ausgezeichnet brunchen lässt, sollte kein Geheimnis bleiben. Immer am Wochenende lädt die Strandbar Herrmann nämlich von 10:30 bis 14:30 Uhr zu einem ausgiebigen Buffet, das auch für Spätaufsteher etwas taugt. Zu sanften Jazz-Klängen kostet man sich durch Müsli, Lachs, Obstsalat, Topfenstrudel, diverse Aufstriche, Wurstbrote und Waffeln. Wenn es nicht allzu heiß ist, ein wahres Vergnügen!

IM GRÜNEN

Wie könnte man den Tag besser beginnen als mit einem Frühstück im Wald? Nur, um Wald in Wien zu finden, muss man tatsächlich an die Grenzen des Stadtgebietes gondeln. Zahlt sich aber bestimmt aus – und die richtigen Lokale dazu haben wir auch gefunden. Parks, Gärten, Wanderwege oder einfach nur ein Ausflug in den Außenbezirk – mit Spitzenfrühstück als Belohnung.

Hermes Café Restaurant Labstelle

HERMES CAFÉ
RESTAURANT
LABSTELLE
Lainzer Tiergarten,
Hermesvilla
1130 Wien
www.hermes-villa.at

Spazierfreudigen Frühstücksfans sei es empfohlen, einmal den Lainzer Tiergarten zu besuchen. In der lauschig-romantischen Hermesvilla – einst von Kaiser Franz Joseph für seine Sisi erbaut – lässt es sich nämlich äußerst fein das Morgenmahl einnehmen. Auf der Frühstückskarte vertreten sind zwar vor allem Klassiker, doch man schmeckt, dass die Küche auf die Verwendung frischer heimischer Produkte achtet, teils kommen die Lebensmittel sogar aus dem Tiergarten selbst. Tipp für Schönwetter: Im Lokal kann man sich lecker gefüllte Picknickkörbe in verschiedenen Varianten holen, allerdings müssen diese im Voraus bestellt werden. Achtung: Montag ist hier Ruhetag.

Schutzhaus zur Zukunft

SCHUTZHAUS
ZUR ZUKUNFT
Verlängerte
Guntherstraße
1150 Wien
www.schutzhaus-
zukunft.at

Es zahlt sich aus, den Weg in den 15. zu machen. Ein bisschen Bewegung ist ohnehin gesund – und wenn man dann dort angekommen ist kann man schnell dafür sorgen, dass die verbrannten Kalorien wieder zu sich genommen werden. Im Schutzhaus zur Zukunft auf der Schmelz geht das bei deftig-österreichischer Küche eh ganz einfach. Zum Glück ist es auch schon ab 9:00 Uhr geöffnet und da gibt's auch leckeres Frühstück. Das Schutzhaus zur Zukunft auf der Schmelz lockt aber nicht nur mit dem Essen und dem klassischen Gastgarten, sondern vor allem auch mit diversen Veranstaltungen und Konzerten, die dort stattfinden.

Villa Aurora

Villa Aurora

Wie so oft, wenn man ins Grüne fährt, muss man eben eine kleine Strecke auf sich nehmen, um tatsächlich im Grünen anzukommen. Zahlt sich aber aus. Denn die Villa Aurora am Wilheminenberg liegt inmitten einer Idylle aus Wald, Wiese, kleinen Häuschen und einem unschlagbaren Ausblick. Wer also Gärten und der Natur zugewandt ist, wird den Weg zur Villa sehr gerne auf sich nehmen. Zum Frühstück gibt es hier keine große Auswahl, aber das Gebotene überzeugt. Und zu diesem Blick könnte man sowieso fast alles servieren.

VILLA AURORA
Wilhelminenstraße 237
1160 Wien

Salettl Pavillon

Der Salettl Pavillon ist vor allem in den Sommermonaten sehr gut für einen Besuch geeignet. Draußen im Grünen ein leckeres

SALETTL PAVILLON
Hartäckerstraße 80
1190 Wien
www.salettl.com

Frühstück genießen – das kann schon was. Sein einzigartiger Charme und die deftige, aber köstliche Küche tragen zu einer gemütlichen Atmosphäre bei. Da gibt es vom Wiener Frühstück bis zum Erdäpfelpuffer-Burger so einiges zu entdecken. Auch im Winter ist es gemütlich, denn da wird dann wohlig warm eingeheizt. Das Salettl ist und bleibt eine Institution der Döblinger Gastro-Landschaft, die erwähnt und besucht werden muss.

Fischerhaus

FISCHERHAUS
An der Höhenstraße
1190 Wien
www.fischerhaus.co.at

Das neu übernommene Fischerhaus an der Höhenstraße vereint chillige Lounge-Atmosphäre mit Hüttengemütlichkeit – viel helles Holz, bunte Stühle, freche Designideen und ein Spritzer urbane Coolness. Aber nicht nur optisch, auch kulinarisch macht das neue Fischerhaus etwas her. Ob Tapas-Kreationen, Obstteller, Käsevariationen, Antipasti, Mehlspeisen – man schmeckt die Qualität. Das Brot fürs Frühstück wird im hauseigenen Ofen selbst gebacken. Eine fixe Speisekarte gibt es nicht, das Angebot wechselt ständig. Und Frühstück gibt es nur am Wochenende. Achtung: Im Winter hat das Fischerhaus geschlossen!

MIT AUSSICHT

Mit Frühstück am Tisch hat man meist ganz schöne Aussichten, aber ein Frühstück mit Aussicht – das hat man dann doch nicht jeden Tag. Ein paar so besondere erhöhte Punkte gibt es schon in und um Wien, wo man neben dem Morgenkaffee auch noch über die Dächer Wiens blicken kann. Hier ein Sammelsurium der schönsten Frühstückslokale mit Aussicht.

Dachboden – 25hours Hotel

DACHBODEN –
25HOURS HOTEL
Lerchenfelder Straße 1-3
1070 Wien
www.25hours-hotels.com

Die tolle Aussicht vom Dachboden des 25hours Hotel sucht in Wien seinesgleichen. Aber auch Einrichtung, Service und Angebot können überzeugen: einer unserer liebsten Orte in Wien. Vor allem das Brunchbuffet möchte man nicht verpassen. Man zahlt zwar seinen Preis, aber dafür kann man sich danach richtig verwöhnen lassen. Und zwar mit einem wirklich hochwertigen Angebot und Sekt inklusive. Einfach nur Kaffeetrinken oder mal länger bleiben und Cocktails schlürfen kann man hier auch – und die Atmosphäre ist unschlagbar. Am liebsten würde man gleich ein Zimmer im 25hours Hotel buchen.

Justizcafe

JUSTIZCAFE
Schmerlingplatz 10
1010 Wien

Das Justizcafe versteckt sich auf dem Dach des Wiener Justizpalastes und gilt als Geheimtipp für all jene, die hoch über den Dächern Wiens ihr Frühstück genießen wollen. Dieses gibt es im Justizcafe von 7:00 bis 10:00 Uhr. Die Aussicht ist atemberaubend. Da schmeckt jeder Kaffee gleich doppelt so gut.

OBEN

OBEN
Urban Loritzplatz 2A
1070 Wien
www.oben.at

Auf der Hauptbibliothek bei der Station Burggasse befindet sich das Café Restaurant OBEN, das sowohl mit seinem Ausblick als auch mit der Qualität der Speisen punktet. Es gibt nur wenige Orte, wo man so zentral einen kleinen Blick über Wien erhaschen kann – und die Auswahl der regionalen Produkte rechtfertigt

umso mehr eine etwas gehobenere Preis-
politik. Am Sonntag kann man bis 15:00 Uhr
brunchen. Unter der Woche gibt es eine eigene
Frühstückskarte auf der vegane, glutenfreie und
laktosefreie Kost extra gekennzeichnet ist.

Schloss Wilhelminenberg

Ein Besuch im Schlossrestaurant ist für all jene
eine Empfehlung, die einen Ausflug auf den Wilhelminenberg machen und mit Blick über Wien
kulinarische Köstlichkeiten oder aber einfach
nur ein kühles Getränk zu sich nehmen wollen.
Man sollte sich bei einem Besuch nicht von dem
imperialen Ambiente abschrecken lassen, denn
das Frühstück wird zu Normalpreisen serviert.
Täglich bis 10:30 Uhr gibt es ein Frühstücksbuffet, die Auswahl besteht aus verschieden Käse-
und Wurstsorten sowie Mozzarella mit Tomaten
und anderen salzigen Köstlichkeiten, Obst und
Müsli, weichen Eiern und natürlich einer großen
Auswahl an Gebäck. Wem der Sinn nach einem
ausgedehntem Brunch am Wochenende steht,
der kann für stolze 32,– Euro nicht nur aus den
schon oben genannten kaltem Buffet wählen,
sondern auch aus einer großen Zahl an warmen
Speisen – gratis dazu bekommt man das Gefühl, in einem Historienfilm gelandet zu sein.

SCHLOSS
WILHELMINENBERG
Savoyenstraße 2
1160 Wien

Oktogon – Am Himmel

Wie im Himmel ist es hier im Oktogon. Ganz
viel grün und ganz viel Ausblick und wirklich
– der Himmel ist zum Greifen nahe. Schon zu

Oktogon – Am Himmel

OKTOGON –
AM HIMMEL
Himmelstraße/Ecke
Höhenstraße
1190 Wien
www.himmel.at

Sisis Zeiten waren die Gartenanlagen am Himmel ein beliebtes Ausflugziel und umso mehr freuen wir uns, wenn wir – oben angekommen – nicht nur den Ausblick genießen, sondern auch genüsslich speisen dürfen. Damit sich der Tag auszahlt, startet man am Besten mit einem »Frühstück am Himmel«. Das gibt's samstags, sonntags und feiertags von 11:00 bis 14:00 Uhr. Himmlisch!

Café Cobenzl

CAFÉ COBENZL
Am Cobenzl 94
1190 Wien
www.cobenzl.at

Das Café Cobenzl gibt es schon seit den 50er Jahren. Dazwischen war einmal kurz Pause, aber jetzt ist es wieder Anlaufplatz Nummer eins für Wien-Ausblick-Suchende. Die Weinberge, dahinter die Stadt und darüber ganz viel blauer Himmel. So stellt man sich einen Besuch im Café Cobenzl vor. In den Sommermonaten kann man sich zum Ausblick ein erfrischendes Eis gönnen und sonst gibt es zum Glück auch Frühstück und andere Hauptspeisen. Kulinarisch bleibt das Café Cobenzl traditionell und somit fehlt vom Sacherwürstel bis zum Biedermeier (Kaffee mit Marillenlikör) eigentlich nichts.

Donauturm

Wenn es darum geht, einen Überblick über Wien gewinnen zu wollen, dann muss man einfach auf den Donauturm hinauf. Lässt sich das ganze auch noch mit einem Brunch verbinden, dann schlagen die Herzen erst recht höher – im wahrsten Sinne des Wortes. Jeden Samstag und Sonntag kann man um knapp 30,– Euro den Ausblick inklusive Frühstück genießen – Kinder unter 14 zahlen sogar nur die Hälfte. Wenn man bedenkt, dass sonst eine Liftfahrt alleine schon um die 7,– Euro kostet, ist das Angebot fast schon ein Schnäppchen! Reservierung ist jedoch unbedingt notwendig!

DONAUTURM
Donauturmstraße 4
1220 Wien
www.donauturm.at

Cafe RITTER

Bei uns frühstücken Sie ausgezeichnet!

Montag bis Freitag: 08:00 – 24:00 Uhr
Samstag, Sonntag und Feiertag: 09:00 – 22:00 Uhr

Ottakringer Straße 117 | 1160 Wien
www.cafe-ritter.at

IM THEATER UND KINO

Draußen regnet es wieder einmal in Strömen, das Daheim-Frühstücken freut nicht wirklich, und auch nach kulturfernem Völlern am Buffet steht einem nicht der Sinn? Ein bisschen Film, ein bisschen Theater am Morgen, das wäre doch eine famose Idee. Vielleicht sogar eine Matinée mit begleitendem Frühstücksgenuss? Mit knurrendem Magen und ohne Tässchen Kaffee geht es ja doch nicht. Wir haben uns für euch inspirieren lassen – und sind auf der Suche nach Frühstückskultur in Wiens Theatern und Kinos fündig geworden …

Café Oper

CAFÉ OPER
Operngasse 2
1010 Wien
www.cafeoperwien.at

Café Oper

Wenn man sich wieder einmal ein besonderes Frühstück leisten möchte, dann gibt es im Café Oper die Möglichkeit, ein Champagnerfrühstück für zwei Personen vorzubestellen. Da gibt es nicht nur Kaffeehausambiente mit schicken Obern und Co, sondern Schinken, Käse, Lachs, Melange und ... Champagner! Wer also einen Ring verstecken will oder ein passendes Geburtstagsgeschenk sucht, der ist hier richtig bedient! Sonst steht natürlich auch ein weniger spektakuläres Frühstück für jeden Tag auf der Karte.

Weinzirl im Konzerthaus

Das Weinzirl, gelegen direkt im Wiener Konzerthaus, steht für hochklassige moderne Küche österreichischen Einschlags – man hat sich ganz dem Schmankerl verschrieben. Viele verbinden daher ihren Konzertbesuch mit einem Besuch des Restaurants und kommen abends zum exquisiten Dinieren im herrlichen Jugendstil-Ambiente. Doch immer wieder samstags ist alles anders im Weinzierl, denn das Lokal lädt zum Tapas-Brunch: In kleinen Schälchen werden bis zu 30 verschiedene Mini-Gerichte serviert: von Guacamole über gefüllten Fisch und Beef Tatar bis hin zu originellen Kuchenschnitten und süßen Fruchtkreationen. Ein Genuss fürs Auge und den Gaumen!

WEINZIRL IM
KONZERTHAUS
Am Heumarkt 6
1030 Wien
www.schmankerlart.at

Topkino

Wer im Topkino frühstücken will, kann dies nur samstags, sonntags und feiertags tun. Unter dem Namen Film-Brunch stehen eine Reihe von Frühstücksvariationen auf der Karte. Wer möchte, kann das Frühstück mit einem Kinobesuch verbinden. Neben den Klassikern wie dem Wiener Frühstück gibt es zwei verschiedene Variationen des sogenannten Filmfrühstücks, welche beide sehr zu empfehlen sind. Aber auch für den kleinen Hunger gibt es z.b. Ham and Eggs.

TOPKINO
Rahlgasse 1
1060 Wien
www.topkino.at

Rote Bar

Wer einen besonders exklusiven Sonntagsbrunch plant, ist in der Roten Bar im Volkstheater richtig. Um 23, – Euro hat man zwischen 10:00 und 14:00 Uhr Zutritt zum

ROTE BAR
Neustiftgasse 1
1070 Wien
www.volkstheater.at

All-you-can-eat-Buffet, inkludiert ist hier ein Heißgetränk, Säfte und ein Glas Frizzante. Das Buffet ist umfangreich und variiert nach Saison. Alle Frühstücksklassiker sind hier zu finden, Luxus-Extras wie Lachs oder Räucherforelle dürfen natürlich auch nicht fehlen. Wer nicht für den Sonntagsbrunch reserviert hat, kann sich immer nach den Vorstellungen im Volkstheater auf einen abendlichen Drink in die Rote Bar gesellen.

Theater SPIELRAUM

THEATER SPIELRAUM
Kaiserstraße 46
1070 Wien
www.theaterspielraum.at

Seit 2002 gibt es das Theater SPIELRAUM im Siebten. Seitdem hat sich das Schauspielhaus in den Räumlichkeiten des alten Erika-Kinos in der Kulturszene etabliert – wenn auch etabliert das falsche Wort dafür scheint, denn kritisch, unangepasst und innovativ ist das Programm mehr denn je. Das zumeist junge Publikum weiß dies zu schätzen. Neben den obligaten Abendvorstellungen veranstaltet das Theater auch Matinéen, zu denen natürlich ein ordentliches Frühstück gehört. Denn wie lassen sich literarischer Anspruch und schauspielerische Kreativität besser genießen als mit Frühstück und Kaffee im Bauch?

VOTIVkino

VOTIVKINO
Währinger Straße 12
1090 Wien
www.votivkino.at

Das VOTIVkino bietet jeden Sonntag ab 10:30 Uhr von Oktober bis Juni ein Filmfrühstück an. Bestehend aus so viel Kaffee oder Tee wie man will, Orangensaft, reichlich Gebäck,

Butter, Marmelade, Ei, Schinken, Wurst und Käse. Klingt bodenständig und gut – ist es auch! Spezielle Wünsche oder Unverträglichkeit werden gerne berücksichtigt. Da der Andrang meistens sehr groß ist, sollte man auf jeden Fall reservieren. Ist der Magen gefüllt, begibt man sich in den Kinosaal, um dort in Ruhe zu verdauen und einen Film abseits des Hollywood-Mainstreams zu genießen. Drei Filme stehen jeden Sonntag zur Auswahl, entscheiden muss man sich natürlich im Voraus.

CHEESECAKE CORNER

MIT LIEBE SELBST GEMACHT!

Probieren Sie in gemütlicher Atmosphäre unsere hausgemachten Cheesecakes wie Classic Cheesecake, Oreo Cookie Cheesecake, homemade Honey Caramel Cheesecake uvm.

täglich von 9 bis 24 Uhr
im Garten Café

IM MUSEUM

Kunst- und Kulturliebhaber? Na, dann bitte sehr!
Die folgenden Lokalen verbinden Kultur mit Gaumenfreuden, denn sie befinden sich allesamt in
oder in unmittelbarer Nähe eines Museums. Wie
viele Museen es in Wien gibt, möchte man kaum
glauben (es sind über einhundert!). Ebenso
unglaublich ist die Auswahl an Frühstücksmög-
lichkeiten rund um den Museumsbesuch. Wir
empfehlen: früh aufstehen, in Ruhe den Kaffee
und ein feines Frühstück genießen und dann ab
ins Museumsgewusel! Immerhin kann man seine
Buttercroissants auch während eines ausgiebigen Museumsrundgangs verdauen. Und für
den Fall, dass sich nachher der Hunger wieder
meldet – man weiß dann ja immerhin schon, wo
man diesen stillen kann ...

Café Eskeles im Jüdischen Museum

CAFÉ ESKELES IM
JÜDISCHEN MUSEUM
Dorotheergasse 11
1010 Wien
www.cafe-eskeles.eu

Das Café Eskeles in der Dorotheergasse gehört zum Jüdischen Museum und bietet gute Snacks für hungrige Museumsbesucher. Aber auch ohne Museumsbesuch darf man hier Platz nehmen, es zahlt sich auch auf jeden Fall aus. Manche behaupten sogar, dass es hier den besten Kaffee Wiens gibt, was begleitend zum Bagel nicht schaden kann. Neben einer Auswahl an Bagelvariationen gibt es vegetarische und koschere Köstlichkeiten und gute Mehlspeisen. Geöffnet hat das Café Eskeles täglich außer Samstag von 9:00 bis 18:00 Uhr.

Café im Kunsthistorischen Museum

CAFÉ IM
KUNSTHISTORISCHEN
MUSEUM
Burgring 5
1010 Wien
www.khm.at

Ins Kunsthistorische Museum geht man zwar sonst nicht für's Frühstück – außer es ist Sonntag. Da bietet der Sonntagsbrunch nämlich alles, was sich Genießer nur wünschen können: Kulinarik auf erstklassigem Niveau, Kunst und ein herrlich prunkvolles Ambiente. Hier zahlt man weniger für's satt werden als für das Erlebnis – wobei natürlich auch mit Leichtigkeit der Magen gefüllt wird. Alle Sinne werden angesprochen und Kunstgenuss verbindet sich harmonisch mit exquisiten Gaumenfreuden. Ein Brunch, der auf jeden Fall in Erinnerung bleiben wird.

Die Au neben dem TBA21

Etwas versteckt im Augarten, direkt neben dem modernen Museum TBA21 gelegen, befindet sich die Au. Das Lokal verbindet Frühstückscafé,

Restaurant und Bar zu einem stilvollen Ganzen.
Das helle, dezent-elegante wie künstlerisch an-
sprechende Interieur wurde von mehreren Design-
nern gestaltet. Stilvoll ist hier auch das Frühstück.
Zur Auswahl stehen klassische Frühstücksvarianten, zahlreiche Ei-Gerichte, Aufstriche, Salate
und Kaffeesorten. Empfehlenswert sind auch die
Waffeln mit Ahornsirup, Schlagobers und frischen
Früchten. Im Sommer kann man auf zwei Terras-
sen die grüne Umgebung genießen.

DIE AU NEBEN DEM TBA21
Scherzergasse 1a
1020 Wien
www.dieau.info

TIAN Bistro beim Hundertwasserhaus

Das Hundertwasserhaus ist wirklich schön
anzusehen, aber fast noch schöner ist das TIAN
Bistro dort. Mit einem wunderschönen Innenhof,
den farbenfrohen Fassaden á la Hundertwasser
rundherum und einem Flammkuchen vor sich
am Teller. Das ist nämlich die Spezialität des
Hauses. Hier treffen Wiener Kultur, traditionsrei-
che Wiener Küche und internationale Klassiker
auf kreativste Art und Weise aufeinander und
werden hervorragend präsentiert und serviert.
Und sonntags, da wird ausgiebig in diesem
einzigartigen Gastgarten gefrühstückt.

TIAN BISTRO BEIM
HUNDERTWASSERHAUS
Weißgerberlände 14
1030 Wien
www.taste-tian.com

HEUER in der Kunsthalle Wien

Das HEUER in der Kunsthalle Wien am
Karlsplatz ist eine großartige Adresse, um auf
der geräumigen Terrasse Platz zu nehmen und
sitzenzubleiben. Im Herzen der Großstadt ist
es nämlich dort trotzdem ruhig und besonders
grün. Aber auch innen ist das HEUER einen

HEUER IN DER
KUNSTHALLE WIEN
am Karlsplatz
Treitlstraße 2
1040 Wien

Besuch wert. Der hintere Teil des Gebäudes beheimatet die Ausstellungen der Kunsthalle, der vordere Teil ist für Restaurant-Gäste reserviert. Ab 10:00 Uhr gibt es Frühstück und zwar genau so lecker und durchdacht wie die restlichen Speisen. Viel regionales und sehr viel saisonales. Nicht umsonst heißt das Lokal HEUER.

HALLE im MuseumsQuartier

HALLE IM
MUSEUMSQUARTIER
Museumsplatz 1
1070 Wien
www.diehalle.at

Nicht ganz im Museum, aber nur einmal umfallen davon entfernt ist das HALLE im MuseumsQuartier. Hier gibt es Speisen von allerhöchster Qualität und Originalität und das schlägt sich auch beim Frühstück nieder. Von der mexikanischen Tortilla bis zu den Pancakes mit Ahornsirup wird hier dem morgendlichen Hungergefühl entgegengewirkt. Drinnen ist das Lokal eigentlich recht geräumig – dennoch empfiehlt sich vor allem am Wochenende eine Reservierung, wenn man nicht auf einen Sitzplatz warten will.

Café Leopold im Leopold Museum

CAFÉ LEOPOLD IM
LEOPOLD MUSEUM
Museumsplatz 1
1070 Wien
www.cafe-leopold.at

Da freut sich das Frühstückerherz! Im Leopold gibt es diese wichtigste Mahlzeit des Tages nämlich täglich bis 16:00 Uhr – also auch jene, die in der Nacht noch das Tanzbein dort geschwungen haben, können sich zum Frühstück gleich wieder hingesellen. Und gerade am Wochenende bietet sich das ganz vorzüglich an, denn da gibt es ein Brunchbuffet, das nicht einmal um viel teurer ist als die Frühstücksangebote unter der Woche. Her mit dem Katerfrühstück also!

IM HOTEL

Wir buchen das Hotel immer mit Frühstück. Wo sonst gibt es schon frühmorgens ein riesiges Buffet, und das nur ein paar Meter von der eigenen Schlafstätte entfernt? Aber selbst wenn man nicht im Hotel übernachtet, kann man das dortige Frühstück in vollen Zügen genießen. Von groß und üppig bis klein und trendig – wir haben die besten Hotelfrühstücksangebote für euch gesammelt.

Parkring Restaurant im Vienna Marriott Hotel

Immer wieder sonntags verwandelt sich das Vienna Marriott Hotel am Parkring von 12:00 bis 15:00 Uhr in einen wahren Schlemmertempel. Diese unglamouröse Bezeichnung veranschaulicht die Handhabung, wird dem Brunch aber nicht gerecht. Denn schon beim Eintreten kommt noble Stimmung auf, begünstigt durch den 80er-Jahre-Glamour-Charme der Einrichtung und die Live-Klavierbegleitung. Doch nun zur Essenz, dem legendären Buffet des Legendary Brunch. Den Auftakt bildet ein schier unerschöpfliches Vorspeisenbuffet. Es warten warmer Räucherlachs, Roastbeef, Salate, selbstgemachte Brotsorten und vieles mehr – doch Vorsicht, nicht zu viel davon! Auf das Entrée folgt nämlich das Hauptspeisenbuffet, ebenso köstlich und umfangreich. Wer dann noch Platz im Magen hat, darf sich bei den Desserts (Mousse, Windbeutel, Käseplatte uvm.) austoben. Eine Reservierung ist unbedingt erforderlich!

Clementine im Glashaus im Palais Coburg

CLEMENTINE IM
GLASHAUS PALAIS
COBURG
Coburgbastei 4
1010 Wien
www.palais-coburg.com

Ein wahrlich erlesener Frühstücksgenuss erwartet den Gast im Palais Coburg bei Clementine. Gespeist wird im dezent modern und dennoch vornehm eingerichteten Glashaus oder auf der wohlüberlegt gestalteten Gartenterrasse, und das à la carte. Die Entscheidung

fällt schwer: Soll es das pochierte Ei mit Ruco-
la, Speck und Joseph Brot sein? Eine Variation
mit Räucherlachs, Erdäpfel, Jungzwiebel und
Kren? Oder doch das komplette »Clementine« Frühstück, bei dem natürlich auch die
orangenen namensgebenden Früchtchen nicht
fehlen? Feine Extras aller Art können zusätzlich
bestellt werden. Hier gibt es nichts zu bean-
standen – nur zu genießen! Frühstück gibt's
von 7:00 bis 11:30 Uhr.

The Guesthouse Bakery

Architektur & Design von Sir Terence Conran,
Brot von Gragger & Cie, Küche irgendwo
zwischen traditionell und einfallsreich und
Frühstück den ganzen Tag. The Guesthouse
Vienna ist eine sowohl stylish-hippe als auch
elegant-traditionelle Übernachtungsmöglichkeit
hinter der Staatsoper und zieht Menschen an,
die Wert auf Qualität legen. Da leistet man sich
schon einmal ein bisschen Luxus und fühlt
sich wohl zwischen Leder und Elegance. Die
Frühstückskarte verspricht zwischen 6:30 und
23:00 Uhr Angebote, die thematisch auf Wien
abgestimmt sind.

THE GUESTHOUSE
BAKERY
Führichgasse 10
1010 Wien
www.theguesthouse.at

Hotel Stefanie

Das älteste Hotel Wiens strotzt nicht nur vor
Geschichte und prunkvollen Namen, sondern
wartet auch mit Gourmet-Essen auf. Zum
Frühstück, Mittag- und Abendessen kann
man hier auch ohne eigenes Hotelzimmer

HOTEL STEFANIE
Taborstraße 12
1020 Wien
www.schick-hotels.com

ein bisschen Prunk erleben – aber nur an ausgewählten Tagen. So ist der Sonntag für den Brunch reserviert und da lässt sich das Restaurant Kronprinz Rudolph, das im Hotel Stefanie beheimatet ist, nicht lumpen. Live-Klaviermusik, Aperitif und ein reichhaltiges Buffet voller Schmankerl. Etwas, das man sich gut schenken lassen kann!

Hotel Daniel Bakery

HOTEL DANIEL
BAKERY
Landstraßer Gürtel 5
1030 Wien
www.hoteldaniel.com

In Graz war es zuerst, das Konzept des hellen, freundlichen und hippen Hotels, das noch dazu eine ausgesprochen gute Küche mit sich bringt. Die Bakery nämlich. Am Wochenende kostet es ein bisschen mehr, aber es ist immer noch den Preis wert, denn das Angebot ist reichhaltig und äußerst ansprechend präsentiert. Generell ist das Ambiente im Hotel Daniel fast zu schön, um wieder zu gehen.

Hotel Kugel

HOTEL KUGEL
Siebensterngasse 43
bzw. Neubaugasse 46
1070 Wien
www.hotelkugel.at

Mitten im siebten Bezirk steht das altehrwürdige Hotel Kugel. Unter Wien-Besuchern ist es legendär, und das nicht nur wegen seiner märchenhaft romantischen Zimmer. Nein, auch das ausgiebige Frühstück lockt in das Hotel Kugel; da gibt es Süßes wie selbstgemachte Marmeladen, Gugelhupf, Krapfen und Buchteln ebenso wie Pikantes. Ob Waldviertler Frühstückswurst, Paradeiser, Käse, Hirschwurst oder Muskateller Traubensaft, sämtliche Spezialitäten stammen von ausgewählten regionalen Produzenten. Genießen kann man diese Leckereien täglich von 7:30 bis 10:30 Uhr. Die urige Gaststube ist übrigens einzigartig gemütlich. Ein perfekter Ort für hungrige Feinschmecker!

Hotel am Brillantengrund

Das Hotel am Brillantengrund ist ein kleines verstecktes Hotel mitten im geschäftigen siebenten Bezirk. Trotzdem ist der Innenhof dermaßen ruhig und schön – man könnte meinen in einem anderen Land auf Urlaub zu sein. Zum Glück haben hier nicht nur Hotelgäste, sondern auch alle anderen die Möglichkeit, das Frühstück zu genießen. Die Angebote sind ebenso sagenhaft wie das Ambiente. Omelettes in den verschiedensten Arten, vegane und orientalische Angebote, frische Zutaten und mit Liebe zubereitete Kleinigkeiten. Unter der Woche kann man den ganzen Vormittag Frühstücken und am Wochenende hat man sogar bis 16:00 Uhr Zeit. Herrlich!

HOTEL AM
BRILLANTENGRUND
Bandgasse 4
1070 Wien
www.brillantengrund.com

MIT DEM GEWISSEN EXTRA

Einfach nur frühstücken, das ist ja fast schon langweilig geworden. Wie wäre es zum Beispiel, wenn man während des Frühstücks auch noch Möbel testet oder sich noch vor dem Café-Latte-Schlürfen ein neues T-Shirt aussucht? Oder vielleicht wäre ein bisschen Techno beim Brunch ganz nett? Wien hat sie, die Lokale, wo nicht nur das Frühstück schmeckt, sondern auch das gewisse Extra, die gewisse Würze in der Suppe, nicht fehlt. STADTBEKANNT empfiehlt: Probiert euch durch! Ihr werdet sicherlich überrascht sein von der bunten Vielfalt!

Supersense

SUPERSENSE
Praterstraße 70
1020 Wien
www.supersense.com

Im Supersense darf man neben Kaffee auch in die Welt der Polaroids und der alten Technik eintauchen. Zwischen Kameras, Druckmaschinen und Lampen kann man in dem denkmalgeschützten Dogenhof-Gebäude seinen Kaffee schlürfen, frische Köstlichkeiten genießen und was noch viel wichtiger ist: selbst aktiv werden. Denn die Sinne sollen im Supersense aktiviert werden und auch zum Einsatz kommen. Sehen, hören, fühlen und schmecken – vom Frühstück bis zur abendlichen Veranstaltung. Ein absolutes »must sense« Café.

Radlager

RADLAGER
Operngasse 28
1040 Wien
www.radlager.
myshopify.com

So unterschiedlich die einzelnen Elemente auch klingen mögen, aber das Radlager kombiniert gekonnt Design, Kunst und Retro-Trends mit Fahrrädern und: Kaffee. Wer also auf Vintage-Fahrräder abfährt und die Ästhetik hinter den Gefährten schon längst entdeckt hat, der ist hier genau richtig. Seit einiger Zeit gibt es sogar ein überschaubares Frühstücksangebot. Den italienischen Kaffee dazu kann man entweder vor Ort genießen oder aber mit nach Hause nehmen.

Addicted to Rock Store

ADDICTED TO
ROCK STORE
Getreidemarkt 11
1060 Wien
www.addicted.at

Dem Rock verschrieben – auf allen Ebenen. Im Addicted to Rock Store am Getreidemarkt ist von Fashion über Interieur und Musik alles so, wie es ein Rocker haben möchte. Der hintere Teil des Concept-Stores beheimatet Fashion

phil

und Accessoires, der vordere Teil einige Barti-
sche und Sofas. Hier kann man es sich also gemütlich machen. Kulinarisch wird hier regionale
Küche geboten und auf Tapas gesetzt. Innviertler
Knödl, Waldviertler Pasta und Frühstück, serviert
am Jausenbrettl. Diese Kombination kann sich
sehen lassen und alles in allem: Rock 'n Roll!

phil

Ins phil kommt der Bibliophile zum Verweilen.
Viele Bücher, gute Speisen, gemütliche Atmosphäre – ein Bobo-Café (und das ist hier nicht
negativ gemeint!) in höchstem Stil. Besonders
die Speisekarte ist mit viel Liebe erdacht worden
und man findet phile lustige Wortspiele. Ganz
toll ist auch, dass man die gemütlichen Sitz-
gelegenheiten auch mitnehmen, also käuflich
erwerben kann. Auch Bücher stehen selbstver-

PHIL
Gumpendorfer Straße 10–12
1060 Wien
www.phil.info

ständlich nicht nur zum Spaß da. Bei den regelmäßig stattfindenden Lesungen bekommt man einen ganz guten Eindruck von dem, was so angeboten wird. Das phil ist definitiv ein Ort für einen gemütlichen Kaffeehaus-Tag, beginnend mit einem exzellenten Frühstück.

Radio – The Label Bar

RADIO – THE
LABEL BAR
Neustiftgasse 38
1070 Wien
www.radiobar.berlin

Diese Location hat sich ganz dem Berliner Lifestyle verschrieben: Deko und Inventar kommen vom Flohmarkt und in die Getränkekarte hat sich das Berliner Kindl eingeschlichen. Frühstücken kann man bis 17:00 Uhr. Jeden 1. und 3. Sonntag des Monats gibt's einen (veganen) DJ-Brunch. Und wochenends kann man auch tanzen, wenn die Bar ihre Pforten bis 4:00 Uhr geöffnet hält. Radio – The Label Bar versteht sich als Concept-Store und so gesellt sich zu den leckeren Drinks Mode angesagter europäischer DesignerInnen. Man verspricht: Nächte wie in Kreuzberg und Chillen wie am Prenzlauer Berg …

Das Möbel

DAS MÖBEL
Burggasse 10
1070 Wien
www.dasmoebel.at

Was vorerst ein Möbelgeschäft hätte werden sollen, ist jetzt ein Café in der Burggasse. Nein, viel besser: Ein Möbelgeschäft und ein Café. Im Möbel kann man sozusagen »probesitzen« und danach entscheiden, ob man den Stuhl, das Sofa, den Tisch oder die Lampe so gut findet, dass man sie auch in den eigenen vier Wände platzieren möchte. Das eigentliche Geschäft in der Gumpendorfer Straße gibt es natürlich auch,

Café Benno

aber Möbelshoppen ist plötzlich viel spannender geworden, jetzt wo man dazu auch ein Frühstück genießen kann, oder? Am Wochenende gibt's außerdem ein reichhaltiges Brunchbuffet.

Café Benno

Das Café Benno kennen wir ja schon als gemütliche Abendlocation, wo man neben Getränken und kleinen Speisen auch Spiele aller Art auf den Tischen stehen sieht. Dass man aber am Wochenende auch dort frühstücken kann, wissen wahrscheinlich noch nicht alle. Ab 10:00 Uhr werden verschiedenste Frühstückskreationen serviert, von vegan bis herzhaft und das zu einem äußerst fairen Preis. Da kann man dann schon auch mal etwas länger sitzen bleiben und das Frühstück zum Mittagessen werden lassen.

CAFÉ BENNO
Alser Straße 67
1080 Wien
www.cafebenno.at

IM WIENER KAFFEEHAUS

»Wiener Frühstück« liest man auf beinahe jeder
Frühstückskarte in Wien. Aber es gibt halt
einige Lokale, die passend zu den Gerichten
auch noch den Wiener Schmäh authentisch
servieren. Denn nur wenn ein Ober im Smoking
ein Ei im Glas bringt und auf der Karte kein
Cappuccino sondern eine Melange steht, dann
beginnt man den Morgen echt Wienerisch.

Café Frauenhuber

CAFÉ FRAUENHUBER
Himmelpfortgasse 6
1010 Wien
www.cafefrauenhuber.at

Der Standort in der Himmelpfortgasse 6 ist alt und bewährt. Einst als Luxusrestaurant vom Leibkoch Maria Theresias gegründet, spielten hier sogar schon Wolfgang Amadeus Mozart und Ludwig van Beethoven auf. Im Jahr 1824 entschied man sich schließlich dazu, das Lokal zu einem Kaffeehaus zu machen – eine Entscheidung, die das Café Frauenhuber zu dem ältesten durchgehend geführten Kaffeehaus Wiens macht. Heute besticht das Café mit dezentem Charme vergangener Zeiten. Das alte Gewölbe, die rot bestickten Polstermöbel, die hölzernen Kleiderständer und das sanfte Licht aus dem Glasluster vereinen sich zu einem harmonischen Ganzen, in dem ein Stück Stadtgeschichte weiterlebt. Gefrühstückt wird im Café Frauenhuber traditionell wie köstlich.

Café Museum

CAFÉ MUSEUM
Operngasse 7
1010 Wien
www.cafemuseum.at

Bei einem Besuch im Café Museum fühlt man sich, als würde man hundert Jahre Kaffeehaushistorie gleichzeitig durchleben. Gerade noch hat man Klimt von seinem nächsten Frauenportrait sinnieren sehen, platziert sich auch schon eine Gruppe japanischer Touristen in einer Sitzloge. Das Café Museum ist in der Tat ein Museum für sich. Frühstück gibt es hier bis 11:30 Uhr und die Auswahl ist so, wie man es sich erwartet. Wiener Frühstück, Ei im Glas und Briochekipferl.

Kaffee Alt Wien

Das Kaffee Alt Wien ist ja nicht gerade als Frühstückslokal verschrien. Eher als ein gemütlicher Ort, wo Kaffeehaus und Beisl verschmelzen und wo man bei Kaffee, Bier und Gulasch den Abend mit Freunden verbringt. Hier gibt man sich auch nicht künstlich Mühe, wie ein schickes Nobel-Café zu wirken – im Gegenteil. Alt, rustikal und ein wenig Pub-like ist die Einrichtung, schummriges Licht beleuchtet die dunklen Möbel und die bunten Plakatwände, die von aktuellen und weniger aktuellen Konzerten, Ausstellungen und Theateraufführungen künden.

Besonders Spätaufsteher oder Fortgeh-Heimkehrer können hier perfekt in den Tag starten – ob mit Kaffee oder Bier, hausgemachtem Apfelstrudel oder deftig belegtem Brot bleibt einem selbst überlassen. Geöffnet hat das Kaffee Alt Wien täglich von 10:00 bis 2:00 Uhr. Außer samstags, da bleiben die Türen sogar bis 4:00 Uhr offen.

KAFFEE ALT WIEN
Bäckerstraße 9
1010 Wien

Café Korb

Ein Besuch im Café Korb kann schon mal ausgiebiger werden. Neben dem klassischen Wiener Frühstück und den besonderen Kaffee-Variationen mit ihren herrlich habsburgerischen Namen werden auch andere Wiener Eigenheiten, wie zum Beispiel das Mayonnaise-Ei angeboten. Nicht zu vergleichen mit den Wiener Prunk-Stätten, aber trotzdem ein Ort

CAFÉ KORB
Brandstätte 9
1010 Wien
www.cafekorb.at

voller Flair – das ist das Café Korb. Wenn man dann schon mal dort ist, muss man sich definitiv auch die Art Lounge beziehungsweise das WC anschauen. Das Café Korb ist ein Eckpfeiler der Wiener Kaffeehauskultur, auf den man nicht verzichten sollte.

Café Goldegg

CAFÉ GOLDEGG
Argentinierstraße 49
1040 Wien

Das Café Goldegg ist eine Wucht, soviel ist klar. An dem schmalen Tischchen am Fenster kann man durchaus ein paar Stunden verweilen. Nicht nur ob der doch eher extravaganten Kleidung der Kellnerinnen beziehungsweise der extravaganten Kellnerinnen im Allgemeinen, sondern auch wegen der wunderschönen traditionell wienerischen Einrichtung sollte man dem Café Goldegg am besten noch heute einen Besuch abstatten. Die Auswahl an Frühstücksvariationen ist zwar nicht übertrieben, aber mit vielen Extras kann man jedes Gericht noch einmal ganz individuell aufpeppen.

Café Jelinek

CAFÉ JELINEK
Otto-Bauer-Gasse 5
1060 Wien
cafejelinek.steman.at

So, wie es schon immer war. Das Café Jelinek im sechsten Wiener Gemeindebezirk, in einer Seitengasse der hektischen Mariahilfer Straße. Keine noble und imperiale Touristen-Absteige, sondern ein authentisches Stück Wien: etwas angestaubt, verschroben und leicht morbid. Aber gemütlich und sowohl für Raucher als auch für Nichtraucher gleichermaßen geeignet für einen langen Genießer-Tag auf einem

Fauteuil sitzend und mit einem Kaffee in der Hand. Da fängt man am besten schon früh an: und zwar beim Frühstück. Aber auch wenn man es noch nicht am Morgen schafft – die Frühstücksangebote gibt es im Jelinek den ganzen Tag über!

Café Kafka

Das von außen unscheinbare Café Kafka erinnert angenehm an einen heruntergekommenen Künstlertreff: Stilvolle wie schlichte Einrichtung, gepaart mit dem dunkel-verrauchten Flair eines Wiener Kaffeehauses für Dichter und Denker, geben dem Kaffeehaus eine spezielle Atmosphäre. Ganz im Gegensatz zum traditionellen Raumambiente steht die moderne vegetarische bis vegane Küche des Hauses. Ein Widerspruch, der sich bestens verträgt und zahlreiche junge Gäste anlockt. Das Frühstücksangebot ist typisch Wienerisch, der Kaffee schmeckt. Abends finden im Café Kafka immer wieder Veranstaltungen wie Lesungen oder Konzerte statt.

CAFÉ KAFKA
Capistrangasse 8
1060 Wien

Café Hummel

Das Café Hummel ist nicht grundlos eine Wiener Kaffeehausinstitution. Die Speisen sind ausgezeichnet, der Service wienerisch und die Atmosphäre nach der Renovierung ziemlich angenehm. Besonders an diesem Stück Geschichte ist auch, dass es schon seit drei Generationen in den Händen der

CAFÉ HUMMEL
Josefstädter Straße 66
1080 Wien
cafehummel.at

Hummel-Familie liegt. Hier dürfen die Klassiker also nicht fehlen. Besondere Kaffeekreationen und – ein absolutes Schmankerl – das Wiener Mayonnaise-Ei kann man hier bestellen und genießen. Frühstück gibt's unter der Woche, genauso traditionell, bis 11:00 Uhr.

Café Ritter

CAFÉ RITTER
Ottakringer Straße 117
1160 Wien
www.cafe-ritter.at

Die Reise nach Ottakring lohnt sich, denn hier befindet sich das Café Ritter. Kaum hat man das Lokal betreten, fühlt man sich wie in einem barocken Wohnzimmer: Ob es nun die schwülstig-schönen Gemälde von Waldidyllen sind, die ganze Wände zieren, die Spiegel, die Deckenstukatur, die alten Zeitungshalter, die Art-Deco-Lampen oder die abgenutzten hölzernen Billard-Tische – liebenswert ist hier die ganze Einrichtung. Spielernaturen erfreuen sich im Ritter an der einen oder anderen Partie Schach, Schnapsen, Bridge oder Billard. Musik-Fans merken sich die traditionellen Jazzabende vor. Die Speisen sind günstig und gut, der Service freundlich. Ein Traditionscafé mit Mehrwert!

BEIM BÄCKER

Wem geht es nicht so: Man kauft sich ein We-
ckerl beim Bäcker und würde am liebsten den
Zipfel gleich sofort abbeißen, weil's einfach so
resch und frisch ist. Warum also nicht einmal
wirklich da bleiben und das Gebäckstück inklusive Frühstücksextras sofort genießen? Denn
wenn der Bäcker ruft, dann kommen wir!

Vollkorn-Bio-Bäcker Waldherr

VOLLKORN-BIO-
BÄCKER WALDHERR
Marc-Aurel-Straße 4
1010 Wien

Naschmarkt Höhe
Theater an der Wien
1060 Wien
www.vollkornbaeckerei-
waldherr.at

Wem qualitativ hochwertiges, veganes Bio- und Vollkorngebäck ein Anliegen ist, der sollte dem Vollkorn-Bio-Bäcker Waldherr so schnell wie möglich einen Besuch abstatten. Im netten Geschäft in der Marc-Aurel-Straße findet man übrigens auch noch andere Bio-Schmankerl wie etwa Essige, Öle, Marmeladen, Fruchtaufstriche, Ziegenkäse und vieles mehr. Es ist auch Platz für ein kleines Frühstück, das zwar nicht üppig, aber angesichts der Qualität sehr günstig ausfällt. Für Brot und Gebäck gilt: Früher kommen lohnt sich, wenn man sich aus dem vollen Sortiment bedienen möchte.

Gragger & Cie

GRAGGER & CIE
Spiegelgasse 23
1010 Wien

Siebensterngasse 25
1070 Wien

www.gragger-cie.at

Bäckermeister Helmut Gragger hat sich mit seiner Bio-Bäckerei auf die Suche nach dem »Verlorenen Brot« gemacht: Er verwendet für seine Produkte ausschließlich Bio-Getreide aus der Umgebung; viele der Backwaren sind aus Natursauerteig vom Fichtenholzfass und werden im hauseigenen, direkt befeuerten Holzofen frisch gebacken. Fertige Backmittel und Zusatzstoffe sucht man vergeblich, produziert wird klimaschonend und nachhaltig. Heiße Tipps für Feinschmecker: Bio-Vollwert-Produkte wie das Bio-Nussbeugerl, der Bio-Gugelhupf oder der Bio-Kürbiskernkasten munden zu jeder Tageszeit. Aber bei uns überleben sie selten den Morgen!

Backen wie früher

Man sitzt wirklich angenehm im Backen wie
früher und wird stets freundlich bedient, fast
schon umgarnt. Die Vollholztische und das viele Holz passen irgendwie zum frischen Brotduft
und es entwickelt sich schon beim Eintreten
der Wunsch, länger sitzenzubleiben. »Backen
wie früher« heißt es hier und die vorarlbergeri-
schen Randbemerkungen auf der Speisekarte
verbreiten Heimatgefühl. Die Frühstücksvariationen sind ebenso traditionell und bieten
von süß bis herzhaft eine nette Auswahl. Wir
kommen jedenfalls gerne auf ein z'Nünä, ein
Frühstück also.

Joseph – Bäckerei Patisserie Bistro

Josephs heller Genusstempel in der Nähe von
Wien-Mitte ist sicher nicht nur eine Reise wert.

BACKEN WIE FRÜHER
Landstraßer
Hauptstraße 19
1030 Wien
www.backenwiefrueher.at

JOSEPH – BÄCKEREI
PATISSERIE BISTRO
Landstraßer Hauptstraße 4
1030 Wien
www.joseph.co.at

Das Brot, Gebäck und vor allem das Süße schmeckt fein, ist biologisch und es finden sich auch vegane Happen dazwischen. Neben der Standardkarte bietet die täglich wechselnde Tageskarte köstliche Gerichte. Und bei so viel Brot-Duft wird auch das Frühstück ein Genuss werden. Für alle, die es genau wissen wollen: Bei Joseph kann man sogar selbst entscheiden, welcher Rasse das Frühstücksei abstammen soll. Toll!

Felzl Bäckerei

FELZL BÄCKEREI
Pilgramgasse 24
1050 Wien

Kaiserstraße / Ecke
Westbahnstraße
1070 Wien

Schottenfeldgasse Ecke
Lerchenfelder Straße
1070 Wien

www.felzl.at

Betritt man eine Felzl Filiale, wird man umgeben von freundlich-modernem Ambiente und herrlichem Brot-Duft. In der Bäckerei gibt es Frühstück, gesunde Alternativen zum Mittags-Junk und eine immense Auswahl an handgemachten Brotlaiben und Gebäck. Man schmeckt die Frische der Zutaten und freut sich über gesunde Kreationen. Auch die Brote und Snacks sind ohne schlechtes Gewissen zu genießen. Dabei ist die Filiale in der Pilgramgasse eher für das 2Go-Frühstück geeignet – in den anderen beiden kann man es sich aber durchaus gemütlich machen.

Anker Brot

www.ankerbrot.at

Schon seit 1892 gibt es die Wiener Traditionsbäckerei Anker Brot. Seit der Gründung hat sich natürlich viel getan – doch einige Konstanten sind geblieben. So etwa die Nähe zur Kaffeekultur, die man in der Tasse einfach schmeckt. Auch das Wiener Frühstück oder die süßen Mehlspeisen-Klassiker wie Topfengolatsche und Briochekipferl schmecken köstlich wie zu Omas Zeiten. Doch die Uhr blieb nicht stehen: Anker Brot bietet zusätzlich zu allem Traditionellen ein umfassendes Sortiment an veganen und laktosefreien Snacks an; auch Salate, Pizzaschnitten und »Brotonis« (herzhaft überbackene Brote) wandern über den Tresen. Ein Stück Wiener Geschichte lebt fort ...

Ströck

Ohne Frühstück ins Büro? Niemals! Wer genüsslich, gesund und mit gutem Gewissen frühstücken möchte, ist bei Ströck immer richtig. Der Kaffee stammt aus biologischem Anbau; auch Brot und Gebäck sind zu einem großen Teil bio. Auf dubiose E-Nummern verzichtet man dank nachhaltiger Firmenphilosophie komplett. Und das schmeckt man! Wer sich also in der Früh bei Ströck seinen Café Latte, sein Kürbis-Power-Weckerl oder sein Gemüse-Karottenciabatta holt kann sicher sein, dass er nicht nur der Umwelt, sondern auch seinem Körper etwas Gutes tut.

www.stroeck.at

Labet euch hoch zehn!

Das Flying Frühstück in der Labstelle. Vermehrt Gutes – mit bis zu 10 Gängen, jeden Samstag ab 10 Uhr.

Bitte um Reservierung unter 012362122 oder auf labstelle.at

LAB
STE
LLE

Wien

FÜR NASCHKATZEN

Es gibt sie, die Morgenmenschen, die am liebsten immer in Frankreich oder Italien aufwachen würden. Da, wo es schon zum Frühstück Patisserie und Schokolade-Kreationen gibt. Sie brauchen keine große Platte mit Schinken, Käse und Ei, sondern nur ihr Schoko-Croissant, um glücklich zu werden. STADTBEKANNT hat sie gesammelt, die Lokale in Wien, wo Schleckermäulchen glücklich werden.

Zwetschken
rownie

Plum Brownie

ver, Natron, Rohrzucker,
, Sojamilch,
avensirup, Schoko, getr.

€ 2,80

simply raw bakery

SIMPLY RAW BAKERY
Drahtgasse 2 / Am Hof
1010 Wien
www.simplyrawbakery.at

Die simply raw bakery hat nur Leckereien in Rohkostqualität auf der Speisekarte und doch stehen üppige Törtchen in der Vitrine. Wie das geht? Rohkost umfasst eben mehr als nur Karottenstäbchen und das beweist die simply raw bakery sehr gekonnt. Neben der vielen süßen Köstlichkeiten gibt es auch diverse Frühstücksangebote und das sogar ganztägig. Mittags kann man zum Lunch-Angebot übergehen und abends stehen Kurse am Programm. Obendrein ist schon alleine das Ambiente in der simply raw bakery wirklich einen Besuch wert.

Ullmann's Zuckerbäckerei

ULLMANN'S
ZUCKERBÄCKEREI
Walcherstraße 11A
1020 Wien
www.ullmanns.at

Wenn Industrial-Design auf Laura Ashley, Plastikluster und feine Patisserie trifft, dann ist man in der Ullmann's Zuckerbäckerei im 2. Bezirk gelandet. Man sitzt sehr bequem, die Inneneinrichtung ist ein Augenschmaus und das Service fast makellos. Das Frühstück in der Ullmann's Zuckerbäckerei schmeckt auch hervorragend. Wir sind also voll des Lobes! Besonders hervorzuheben sind noch die zwei opulent bestückten Vitrinen. Darin befindet sich ein Auswahl an sündhaften Torten, frischen Strudeln und einer großen Menge an Pralinen. Die Waage wird es nicht danken, der Geist dafür umso mehr ...

Fett + Zucker

Hört sich ja wahnsinnig gesund an. Fett und Zucker sind aber unumstritten die beiden wohl

Die Süße

wichtigsten Elemente, wenn es um Kuchen geht. Und Kuchen gibt's hier zur Genüge – nur, dass definitiv nicht ungesund gebacken wird. Genießen darf man aber trotzdem ganz nach dem Motto »Kuchen macht glücklich« und das finden wir gut. Kleine Frühstücksangebote gibt es auch – sogar ein veganes Minifrühstück – und wer will, darf sich alles einpacken lassen und mit nach Hause nehmen. Also her mit dem Fett und dem Zucker!

FETT + ZUCKER
Hollandstraße 16
1020 Wien
www.fettundzucker.at

die süße

Mit die süße befindet sich im 4. Wiener Bezirk eine Backstube, bei der man als Fan von Süßwaren unbedingt mal vorbei schauen sollte! Vielleicht sogar öfters, denn das Angebot wechselt ständig, da man um saisonale Leckereien bemüht ist und gerne auch Neues ausprobiert.

DIE SÜSSE
Phorusgasse 8
1040 Wien
www.diesuesse.at

Übrigens verwirklicht die Konditorei gerne auch Träume! Wer also eine Eigenkreation in Auftrag geben will, kann sich auf der Facebook-Seite von bereits fertigen Aufträgen überzeugen lassen, gerne auch vegan, gluten- oder lactosefrei!

Tart'a tata

TART'A TATA
Lindengasse 35
1070 Wien
www.sapa.at

Wenn man in der Auslage in dieser kleinen Bäckerei sitzt, fühlt man sich tatsächlich ein bisschen wie in einem französischen Film. Süße Macarons, Croissants und ein kleiner Cappuccino am Tischchen vor sich. Das Tart'a tata ist wahrlich ein Ort der Sünde. Aber ab und zu muss man ihr einfach nachgeben. Frühstücken kann man in der kleinen Bäckerei ganz gut, oft gibt es frühmorgens aber nur die süßen Angebote, das salzige folgt erst später. Geht man jedoch ein paar Schritte weiter, befindet man sich sogleich im schwesterlichen Sapa, wo es sonntags einen ausgefallenen französisch-vietnamesischen Brunch gibt!

Pure Living Bakery

PURE LIVING BAKERY
Altgasse 12
1130 Wien

Burggasse 68
1070 Wien

Cottagegasse
1190 Wien

www.purelivingbakery.com

Die Expansion ging schnell – seit 2007 die erste Pure Living Bakery eröffnet hat, gibt es jetzt schon ganze drei Locations inklusive Garten und allem drum und dran. Die »Mutterbakery« in Hietzing, die Bakery inklusive Icecream-Verkauf in der Burggasse und ganz neu die Cottage-Bakery, wo wohl auch ein Gastgarten auf uns wartet. Der Erfolg ist aber auch kein Wunder bei diesem Konzept! In dieser »Bäckerei« gibt es allerlei feine Dinge, ganz nach amerikanischem Vorbild: Cinnamon Rolls, Muffins, Cookies und alles, was das süße oder auch pikante Herz begehrt. Da braucht man gar keine extra Frühstückkarte.

Naschsalon

Täglich von 8:30 bis 11:00 Uhr gibt es im Naschsalon ein Frühstück zum selber bauen. Dabei sucht man sich aus, wie viele Add Ons man zum Basic Frühstück haben möchte. Also Orangensaft und Bircher Müsli zum Gebäck oder doch lieber ein Schnittlauchbrot und ein Frühstücksei? Je nach Vorlieben eben. Grundsätzlich wird im Naschsalon nach der 5-Elemente-Lehre gebacken und Bio-Produkte werden gegenüber anderen Produkten bevorzugt. Und Naschsalon deswegen, weil das Sortiment keine süßen Naschereien auslässt. Mhm, lecker!

NASCHSALON
Liechtensteinstraße 38a
1090 Wien
www.naschsalon.at

12 munchies

Gar nicht so lang ist es her, als das 12 munchies am Aumannplatz seine Pforten öffnete. Mittlerweile hat sich der kleine Laden abseits von Bobotown zur Institution für süße britisch-amerikanische Kalorienbomben durchgesetzt und auch die pikante Küche kann sich sehen lassen. Inspiriert ist die Speisekarte vom traditionellen britisch-amerikanischen Essen. Was das heißt? Tartes, Pies, Muffins, Brownies, selbstgebackenes Brot, Cupcakes, Quiches und dergleichen stehen von süß bis salzig, von klein bis groß auf dem Menüplan.

12 MUNCHIES
Türkenschanzstraße 2/3
1180 Wien

Besser Essen Besser Leben

FÜRS GESUNDE GEWISSEN

Manche verfolgen gerade einen bestimmten Diätplan, andere essen nicht gerne Fleisch und wieder andere machen die Not zur Tugend und greifen nur noch auf gluten- oder laktosefreie Produkte zurück. Es ist auch oft gar nicht so leicht, sich im Kaffeehausdschungel die richtigen Lokale herauszupicken. Deswegen haben wir von vegan über allergikerfreundlich und bio alles zusammengefasst.

Frühstück & Mittags bei mir

FRÜHSTÜCK &
MITTAGS BEI MIR
Wiedner Hauptstraße 31
1040 Wien
www.frühstückbeimir.com

Eine freundlich-gesunde Oase zum Essen und Einkaufen ist das kleine vegetarische Bistro in der Wiedner Hauptstraße. Die Inhaberin bietet ausschließlich Produkte aus biologischer und natürlicher Herkunft von regionalen Lieferanten an und zaubert täglich verschiedene Breis aus Getreide und mit Pflanzenmilch. Dass Gesundheit hier groß geschrieben wird spürt man nicht nur beim Frühstücken, sondern auch beim Einkaufen. Jeden Tag gibt es außerdem ein frisch gekochtes, wohltuendes Mittagessen, das zumindest zwei Mal wöchentlich auch vegan ist.

Mr. & Mrs. Feelgood

MR. & MRS. FEELGOOD
Paniglgasse 22
1040 Wien
www.mrandmrsfeelgood.at

Schlechte Laune gibt man bei den Feelgoods spätestens an der Türschwelle ab, denn hier steht Gesundheit im Mittelpunkt. Eine Ernährungsberaterin und ein Gastro-Chef bilden das Team, das sich zur Aufgabe gemacht hat gesunde und schnelle Gerichte anzubieten. Denn die gesunde Mittagspausen-Alternative zur Wurstsemmel gab es in Wien ja lange nicht wirklich. Aber auch ausgiebige (Frühstücks-)Sitzenbleiber sind hier richtig, denn sowohl drinnen als auch draußen ist genügend Platz, um Stunden im Feelgood Restaurant zu verbringen.

Allergiker Café

Mit dem Allergiker Café haben endlich auch Menschen, die an Unverträglichkeiten leiden, ein Schlaraffenland gefunden. Durchgehend glutenfrei, laktosefrei und nussfrei wird hier gekocht und gebacken und zwar hauptsächlich Süßes. Aber auch kleine Frühstücks- und Mittagsgerichte werden angeboten. Die Inhaberinnen sind ein Mutter-Tochter-Gespann und wissen, wovon sie reden. Demnach ist auch die Beratung ein absoluter Pluspunkt in diesem Café. Im Sommer werden die 15 Sitzmöglichkeiten im Café durch einen kleinen Schanigarten erweitert.

ALLERGIKER CAFÉ
Wiedner Hauptstraße 35
1040 Wien
www.allergikercafe.at

blueorange

Das blueorange ist ein Lokal, das sich ganz und gar der Nachhaltigkeit verschrieben hat. Von der Stromversorgung über die 2Go-Becher bis hin zu den Zutaten ist hier alles umweltbewusst und fair. Neben leckeren Heißgetränken gibt es auch Bagel zum Verlieben – von pikant über vegan bis ausgefallen kommen sie in allen Formen und Geschmacksrichtungen daher. Und auch vom Ambiente her lässt es sich hier gut aushalten: im Winter drinnen, im Sommer entspannt draußen im Freien. Definitiv einen Besuch wert!

BLUEORANGE
Margaretenstraße 9
1040 Wien

Alserbachstraße 1
1090 Wien

www.blueorange.co.at

Naturkost St. Josef

Der Bioladen ist Nahversorger und vegetarisches Restaurant zugleich. Von Anrainern geschätzt als Vertreiber von Bio-Produkten aus der Region, ist der Laden gleichermaßen beliebt unter gesundheitsbewussten Frühstücksfreunden. Man sollte definitiv zur Frühstückszeit kommen, denn da ist es im Josef noch nicht ganz so gerappelt voll wie zur Mittagszeit. Da gibt es ein umfangrei-

NATURKOST
ST. JOSEF
Mondscheingasse 10
1070 Wien

ches vegetarisches Buffet, ein Salatbuffet, eine einladende Getränkebar mit frisch gepressten Säften sowie selbstgemachte Kuchen runden das solide Angebot ab. Sämtliche Snacks und Speisen können mitgenommen werden.

delibluem

DELIBLUEM
Hamerlingplatz 2
1080 Wien
www.delibluem.com

Das delibluem im 8. Bezirk sagt eurem Portemonnaie und eurer Freizeit den Krieg an. Wenn man nämlich einmal dort war, will man so schnell nirgendwo anders mehr speisen, geschweige denn selber kochen. Das gilt für den Mittagslunch und die Suppen To Go, aber auch für das Frühstück, dem im delibluem gebührend Aufmerksamkeit geschenkt wird. Die verschiedenen Combos führen den Gast kulinarisch von Zürich über New York bis Marrakesh – es ist also alles für jeden dabei. Und der Fürth-Kaffee dazu überzeugt sowieso!

Lilette's

LILETTE'S
Tuchlauben 19
1010 Wien
www.lilettes.com

Mitten auf den Tuchlauben findet man ein kleines, gemütliches Lokal, in dem die Herzen höher schlagen. Ob Jamie, Otto, Franz, Annie oder Walter – sie alle sind einfach köstlich, diese frisch gepressten Säfte im Lilette's! Ein echter Vitaminkick am Morgen. Daneben gibt's zum Wachwerden auch Kaffee (100% Arabica) und Tee. Und wer nicht nur etwas trinken will, der wählt einfach zwischen den leckeren Müslis, Sandwiches und kleinen Süßigkeiten aus. Hier startet man den ganzen Tag gesund und lecker durch!

FÜR LANGSCHLÄFER

Es ist 12:00 Uhr und ihr seid gerade auf-
gewacht? Der Magen knurrt und Frühstück
ist weit und breit keines mehr in Sicht? Es
wäre doch gemein, wenn Langschläfer und
Vormittags-Nicht-Aus-Dem-Bett-Kommende
niemals auswärts frühstücken könnten. So
haben sich ein paar Lokale in Wien derer
erbarmt, die ihre Wenigkeit am Morgen beim
besten Willen nicht aus dem Haus bringen
und ein Ganztagsfrühstück eingeführt. In
folgenden Lokalen könnt ihr vom Frühstück
direkt ins Abendprogramm übergehen.

Stadtkind

STADTKIND
Universitätsstraße 11
1010 Wien
www.stadtkind.at

Stadtkind

Perfekt für Studenten, die eine Stunde oder einen Tag lang Pause von diversen Uni-Aktivitäten einlegen möchten, denn diese Lokalität ist in unmittelbarer Nähe der Hauptuni. Warum das Lokal noch interessant ist? Hier gibt es rund um die Uhr Frühstück und abends gute Cocktails und feine Gaumenfreuden. Viel Wert wird auf Bio-Produkte gelegt, was man auch beim Kaffee merkt: Für die Stadtkind Kaffee-Röstung werden ausschließlich feinste Arabica Bohnen aus biologischem und Fair-Trade-zertifiziertem Anbau in Bolivien, Nicaragua und Sumatra verarbeitet. Den Stadtkind-Kaffee gibt es auch zum Kaufen und Mitnehmen!

The Room

Das chice Szenelokal in den ehemaligen
Sofiensälen steckt voller Wow-Effekte. So
erstreckt sich etwa ein roter Teppich vom
Eingang ins Innere. Einmal eingetreten, öffnet
sich vor dem Besucher ein langgezogener
Gästebereich mit vielen Nischen, gefüllt mit
Designermobiliar und raffiniert beleuchtet.
Gefrühstückt wird hier zwischen 8:00 und
16:00 Uhr. Auf der Karte: Ausgeklügelte
wie appetitliche Frühstücks-Kombinationen
mit Namen wie »Red Room« oder »Green
Room« mit optionalen Extras sowie eigene
Frühstücks-Gerichte. Hervorzuheben sind hier
vor allem die Weißwurst mit Hausmachersenf
und Brezen (deftig und gut) und die süßen
Waffeln. Abends verwandelt sich The Room in
ein Restaurant mit Bar und Musik.

THE ROOM
Sofiensäle,
Marxergasse 17
1030 Wien
www.sofiensaele.com

Café Haller

Das Café Haller dürfte nicht nur jene erfreuen,
die gern auch mal spät frühstücken und eine
große Auswahl haben wollen. Denn fast noch
wichtiger fanden wir die nette Atmosphäre,
die ein bisschen an die alten Literatencafés
in Wien um 1900 erinnert. Eine Mischung
aus Tradition und Modernität sozusagen. Zu
empfehlen ist übrigens ein Platz an den großen
Fenstern, denn dann kann man neben dem
Frühstück, das es den ganzen Tag lang gibt,
auch noch das Treiben auf der Landstraßer
Hauptstraße genießen!

CAFÉ HALLER
Landstraßer
Hauptstraße 103
1030 Wien
www.cafe-haller.at

Café Haller

ULRICH – CAFE,
RESTAURANT, BAR
St. Ulrichsplatz 1
1070 Wien
www.ulrichwien.at

Ulrich – Cafe, Restaurant, Bar

Das Frühstück im Ulrich hat es vielen schon angetan. Dementsprechend muss man aber auch früh genug reservieren, will man einen ausgiebigen Vormittag hier verbringen. Unter der Woche gibt's bis 12:00 und am Wochenende bis 15:00 Uhr Frühstück. Später am Abend wird's nicht so viel anders, denn auch die Wein- und Bierauswahl können wir weiterempfehlen. Kaffeetrinken darf man hier sowieso jederzeit und Mittagsmenüs gibt es auch. Ja, ins Ulrich, da geht man gerne.

Figar

FIGAR
Kirchengasse 18
1070 Wien
www.figar.net

Frühstück bis 16:00 Uhr, und das kann sich sehen lassen! Die Auswahl im Figar ist wahrlich eine Freude. Vom Burger bis zur Käsekrainer gibt es hier alles mögliche unter der Kategorie »Frühstück«. Aber natürlich sind auch alle traditionellen Lieblinge auf der Karte. Die Qualität des Angebotenen überzeugt ebenso und somit hat das Figar sowieso schon gewonnen. Aber natürlich bleibt man auch gerne für einen abendlichen Drink im Lokal und macht es sich gemütlich. Sehr freundlich, sehr empfehlenswert!

Café Europa

Das Café Europa ist und bleibt ein zeitloser Tipp im 7. Bezirk, wo Lokale grundsätzlich ein ständiges Auf und Ab erleben. Es bietet sowohl für Nachtschwärmer als auch für Ganztages-Kaffeetrinker immer etwas Gutes – das Europa hat nämlich täglich von 9:00 bis 4:00 Uhr früh Frühstück und warme Küche. Aber vor allem das Frühstücksbuffet am Wochenende muss man einmal probiert haben. Da gibt es, angelehnt an den Namen, nicht nur österreichische Küche. Und weil das Café Europa fast immer für seine Gäste da ist, ist auch immer jemand da! Da kann's dann schon auch voll werden an diesem schönen Ort im 7. Bezirk.

CAFÉ EUROPA
Zollergasse 8
1070 Wien
www.europa-lager.at

Espresso

Das Espresso ist ein echtes Wohlfühlcafé mit 50er-Jahre-Flair und einer anständigen Auswahl an köstlichen Gerichten. Frühstückstechnisch eine einmalige Adresse, bei der kulinarisch jeder seinen Platz findet und das

ESPRESSO
Burggasse 57
1070 Wien
espresso-wien.at

sogar bis 16:00 Uhr. Denn das Espresso bietet neben den handelsüblichen Frühstücksvarianten auch Vegetarisches, Veganes und Innovatives. Später gibt es ständig wechselnde Tagesgerichte, die auf der Facebook-Seite angekündigt werden. An Wochenenden findet immer wieder einmal ein nettes Konzertchen oder sonstiges Programm statt und dazu gibt es natürlich immer den perfekten Kaffee.

Liebling

LIEBLING
Zollergasse 6
1070 Wien

Shabby Baustellenstyle und ein Angebot zum Niederknien. Das Liebling in der Zollergasse ist ein Fall zum Verlieben. Vor allem das Hipster-Klientel wird sich hier wohlfühlen und auch Freunde von süßen Leckereien kommen nicht zu kurz. Und auch das Frühstück, das fast ganztägig serviert wird, überzeugt. Von veganen Speisen bis zu Speck und Spiegelei darf man es sich gut gehen lassen – und wenn man noch länger sitzt geht man ganz classy zu den Cocktails über.

Daniel Moser's Cottage

DANIEL MOSER'S
COTTAGE
Silbergasse 19
1190 Wien
www.cottage-
danielmoser.at

Es ist neu, es ist frisch, es vereint Kaffeehauskultur und urbanen Chic. Daniel Moser's Cottage in Döbling ist das, was man sich unter einem modernen und dennoch gehobenen Café vorstellt: Schlicht, hell und elegant ist die Einrichtung, beige die Ledermöbel, die Tische glänzen in unterschiedlichen Farbnuancen. Im Sommer besteht auch die Möglichkeit, im

Café Jonas

Schanigarten zu frühstücken. Was es gibt:
Sechs Frühstücksvarianten, die den ganzen
Tag über auf der Karte stehen, diverse Omelettes, dazu eine Palette an Kaffeeköstlichkeiten
und Zotter Trinkschokoladen.

JONAS

Das Restaurant und Café JONAS liegt in unmittelbarer Nähe der U6-Endstation Floridsdorf.
Für alle, die gerne vor dem Baden in der Donau etwas in den Magen bekommen, empfiehlt
es sich daher hervorragend. Die Einrichtung
wirkt loungig, warme Brauntöne dominieren.
Das Angebot ist klein, aber fein. Zur Auswahl
stehen das klassische Wiener Frühstück,
das JONAS Frühstück (Salami, Putenschin-
ken, Prosciutto, Käse, Gebäck, weiches Ei,
Aufstrich oder Marmelade) und das Fit & Fun

JONAS
Franz Jonas Platz 11
1210 Wien
www.jonas-lokal.at

Frühstück (Joghurt mit Früchten oder Müsli, Croissant, Vollkornbrot, frische Gemüse-Rohkost, Aufstrich). Frisch gepressten Orangensaft und Café Latte gibt es dazu. Das leckere Frühstück kann man von Freitag bis Samstag von 09:00 bis 24:00 Uhr genießen, an Sonn- und Feiertagen nur bis 22:00 Uhr.

Marks

MARKS
Neustiftgasse 82
1070 Wien
www.restaurant-marks.at

Spätaufsteher und Den-ganzen-Tag-Frühstücker werden sich freuen, dass es für die erste (oder zweite oder dritte) Mahlzeit des Tages im Restaurant Marks keine zeitlichen Einschränkungen gibt. Noch dazu, wo die Auswahl kreativ und die Qualität der Speisen hoch ist. Vegetarier und Veganer finden passende Speisen mit Sternchen in der Karte gekennzeichnet. Die Räumlichkeiten mit den originellen Details und dem durchdachten Farbkonzept, sowie das freundliche Personal und die gute Musik machen das Restaurant selbst zu einem Fixstern in Wien.

FÜR DO-IT-YOURSELF KÜNSTLER

Das Bett ist zu gemütlich, das Wetter einfach nicht einladend oder ihr habt keine Lust rauszugehen? STADTBEKANNT hat vollstes Verständnis dafür. Ein Teevorrat sollte auf jeden Fall zur Hand sein, aber auch Kaffee-kochkünste können in diesem Fall Gold wert sein. Folgende Adressen helfen euch dabei, das perfekte Frühstück daheim zu zaubern, ohne auch nur einen Schritt vor die Haustüre machen zu müssen.

Demmers Teehaus

DEMMERS TEEHAUS
Mölker-Bastei 5
1010 Wien
www.tee.at

Man kann Demmers Teehaus allen Teelieb-
haberInnen nur wärmstens ans Herz legen.
Die Auswahl an angebotenen Teesorten ist
unglaublich. Unentschlossenen dürfte die
Entscheidung schwer fallen, welche der leckeren Teemischungen schlussendlich mit nach
Hause dürfen. Ein kleiner Teevorrat schadet
nie, insbesonders wenn einem das Rausgehen
dann einmal doch zu unsympathisch ist. Die
hochwertigen Tees können auch vor Ort in gemütlicher Atmosphäre geschlürft werden. Von
ausgefallenen Variationen bis zum Bio-Eistee
wird einem alles geboten. Demmers Teehaus
ist die Teetrinker-Alternative zum Kaffeehaus.

Lieferservice.at

www.lieferservice.at

Nichts zum Frühstücken zu Hause, aber keine
Lust, das Haus zu verlassen und mit knurrendem
Magen an der Supermarktkassa oder beim
Bäcker zu stehen? Die Plattform Lieferservice.at
schafft rasch Abhilfe. Postleitzahl oder Wohnad-
resse angeben, gewünschtes Essen auswählen
und schon erscheint eine Liste an möglichen
Bestell-Lokalitäten. In der erweiterten Suche kann
gezielt nach Frühstück gesucht werden. Obwohl
dies eigentlich gar nicht nötig ist. Denn was
spricht gegen italienische Antipasti und Bruschet-
ta, türkische Vorspeisen inklusive Schafskäse
und gefüllte Weinblättern oder luxuriös belegte
Brote zum Frühstück? Richtig, nichts. Schwer fällt
da schon eher die Entscheidung ...

Vienna School of Coffee

Vienna School of Coffee

Nein, die Vienna School of Coffee ist kein Kaffeehaus – sehr wohl aber ein Haus, in dem Kaffee
über alles wertgeschätzt wird. Wer schon immer
einmal lernen wollte, wie ein professioneller
Barista Espresso, Cappuccino oder Filterkaffees
zubereitet, ist hier an der richtigen Adresse.
Welche Zubereitungsarten gibt es? Welche Was-
sertemperatur, welche Bohne, welche Maschine
brauche ich? Antworten gibt es hier zuhauf. Die
Betreiberin der Schule ist selbst Kaffeerösterin
und eine von fünf Master-Barista weltweit und
reist auf der Suche nach der perfekten Bohne
mitunter um den ganzen Globus. Geöffnet ist
immer samstags. Innerhalb der Öffnungszeiten
der Vienna School of Coffee kann man auch
erlesene, selbst geröstete Kaffeebohnen aller Art,
Bücher und Zubehör zum Filterbrühen kaufen.

VIENNA SCHOOL
OF COFFEE
Hahngasse 22/1
1090 Wien
www.viennaschool
ofcoffee.at

hausbrot.at

www.hausbrot.at

7 Tage die Woche, 365 Tage im Jahr. hausbrot.at verspricht die Zustellung von frischem Gebäck direkt vor die Haustüre. Und das alles mit nur einem Klick. Um diesen Luxus zu genießen, muss man seine Bestellung einfach vor dem geplanten Faul-Sein-Tag aufgeben und dann nur noch warten bis der Bäcker drei Mal klingelt. Oder so. Auch Tageszeitungen kann man sich so quasi ans Bett liefern lassen. Wir finden das so richtig bequem!

Verível

www.verival.at

Frühstück in der eigenen Wohnung oder im Garten mit duftendem Brombeer-Porridge und crunchy Nussmüsli? Dazu ist gar kein großer Aufwand nötig. Die Müslis, Porridges und Crunchies der Tiroler Bio-Manufaktur Verível können online bestellt werden. Und zwar perfekt auf den eigenen Geschmack abgestimmt: Je nach Gusto werden verschiedene Müslis, Flocken, Nüsse und getrocknete Früchte zu einer eigenen »Mix It« Müsli-Mischung zusammengefügt. Der Kreativität sind kaum Grenzen gesetzt. Ob Schokoflakes mit Cranberries, Schoko-Reiscrisps und Mandeln oder Dinkel-Crunchy mit Kokosflocken, Bananen und Pfirsichstückchen – geschickte Müsli-Kompositeure sind gefragt! Bewusste Frühstücker wird freuen, dass sämtliche Verível Produkte biologisch nachhaltig und regional erzeugt sind.

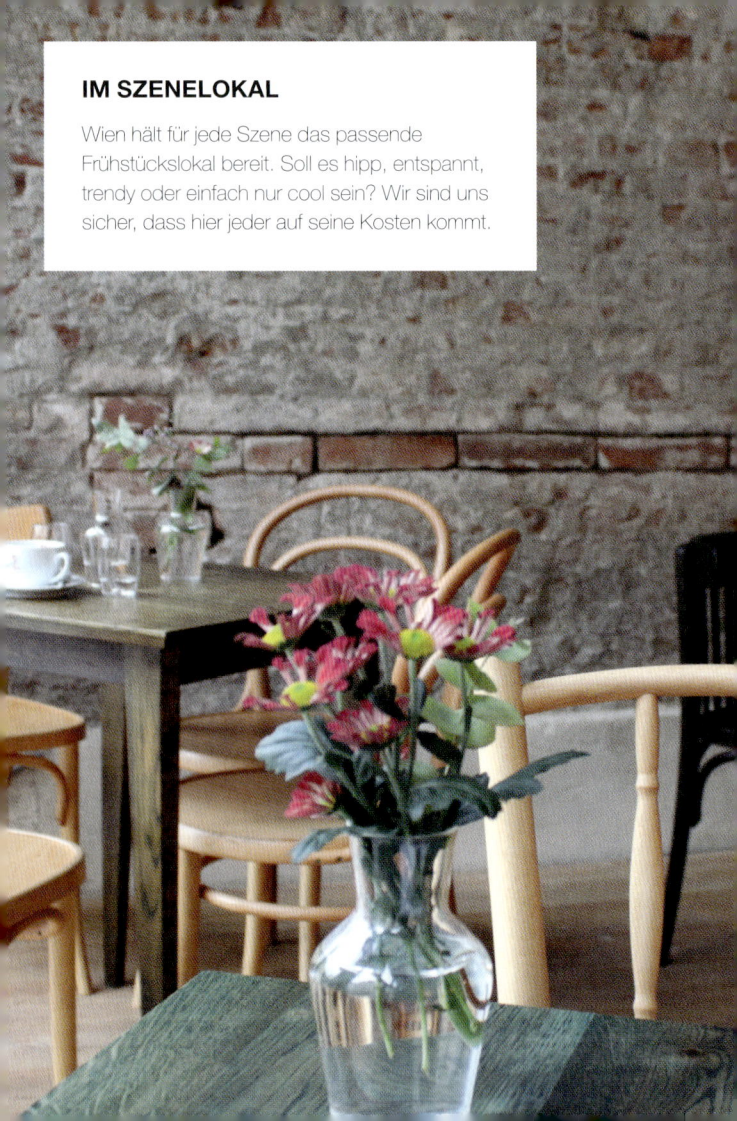

IM SZENELOKAL

Wien hält für jede Szene das passende
Frühstückslokal bereit. Soll es hipp, entspannt,
trendy oder einfach nur cool sein? Wir sind uns
sicher, dass hier jeder auf seine Kosten kommt.

Restaurant Hansen

RESTAURANT HANSEN
Wipplingerstraße 34
1010 Wien
www.hansen.co.at

Das Restaurant Hansen befindet sich in der ehemaligen Börse und präsentiert sich sehr schick. Dementsprechend ist es eine positive Überraschung, dass die Preise recht in Ordnung sind und man hier auch frühstücken kann. Im Restaurant Hansen gibt es keine Frühstückskombinationen, wie man sie sonst so oft kennt, sondern der Gast stellt sich das Frühstück aus vielen Einzelteilen zusammen. Probieren muss man auf jeden Fall das Grieß-koch mit Zucker und Zimt oder die Weißwürstel mit Hausmachersenf, die aber nur samstags im Angebot sind. Frühstücken kann man hier Montag bis Samstag von 9:00 bis 12:00 Uhr.

Labstelle

LABSTELLE
Lugeck 6
1010 Wien
www.labstelle.at

Wenn man in die Labstelle kommt, dann am besten an einem Samstag. Da gibt es nämlich von 10:00 bis 12:30 Uhr das »Flying Früh-stück«, und das ist wirklich etwas Besonderes: In mindestens zehn Gängen wird dem Gast eine wohlabgestimmte Köstlichkeit nach der anderen serviert, wobei das Menü einen Übergang von Frühstücks- zu Mittagsgerichten macht. Wenn man nicht alle schafft, sagt man rechtzeitig »Stopp«. Die Zutaten sind durchgehend regional und saisonal und das Lokal wirkt gemütlich-heimisch. Trotzdem ist die Küche keinesfalls auf Hausmannskost beschränkt. Hier wird urbane, moderne und ausgefallene Küche aufgetischt. Eine Empfehlung mit Nachdruck!

Garage01

Wie der Name schon andeutet, war das Garage01 einmal eine Garage und davon kann man auch jetzt noch Spuren erkennen. Ein bisschen shabby, nur ein Raum und sehr viel Liebe, wenn es um die Zubereitung der Speisen geht. Auch die Freundlichkeit der Bedienung ist ein angenehmer Faktor. Zum Frühstück gibt es hier sehr viele Einzelheiten, die man sich wie man es wünscht selbst zusammenstellen kann. Vor allem die Brote sind eine Empfehlung wert! Obendrein sind die Köstlichkeiten der Garage01 preislich ein absoluter Hammer. Vom Tagesangebot bis zum selbstgemachten Kuchen – alles vorzüglich!

Nascha's

Shabby-chiq, sehr trendy, das Design eine Augenweide und eine Speisekarte, so ab-

GARAGE01
Radetzkyplatz Bogen 5
1030 Wien
www.garage01.com

NASCHA'S
Petersplatz 11
1010 Wien
www.naschas.at

wechslungsreich wie alle Länder dieser Erde zusammen. Die angebotenen Spezialitäten decken auch wirklich von Frankreich über Indien bis nach Amerika alles ab. Umso gespannter ist man auf das Frühstück, das nicht ganz so umfangreich, aber genauso gut präsentiert wird. Das schöne Lokal in der Innenstadt hat von Montag bis Freitag ab 11:00 und am Samstag schon ab 9:00 Uhr geöffnet. Zu Mittag kann man sich die Speisen im Bistro auch mitnehmen und somit ist auch ein schneller Lunch einmal drin.

The Breakfast Club

THE BREAKFAST CLUB
Schleifmühlgasse 12 – 14
1040 Wien
www.thebreakfastclub.at

Der Name verspricht wahrhaftig nicht zu viel. The Breaktfast Club ist nicht nur eines der besten Frühstückslokale der Stadt sondern eine gemütliche Wohnzimmererweiterung, die man nur ungern wieder verlässt. Obwohl die wenigen Tische im Breakfast Club immer gefüllt sind, schüttelt man im Lokal den stressigen Alltag für eine Melange oder ein Frühstück lang ab. Allerdings nur dann, wenn man einen der heißbegehrten Plätze ergattern kann.

freiraum

FREIRAUM
Mariahilfer Straße 117
1060 Wien
www.freiraum117.at

Im freiraum in der Mariahilfer Straße muss man vor allem am Wochenende reservieren – und das gilt sowohl zur Frühstückszeit als auch zur Cocktail Happy Hour, denn ein Geheimtipp ist dieses Örtchen schon lange nicht mehr. Es ist ein wahrer Design- und Interieur-

Augenschmaus. Vorne hat man durch die große Glaswand Blick auf die Passanten der Mahü und hinten kann man in gemütlichem Ambiente einfach nur einen Kaffee schlürfen. Empfehlenswert sind hier die Frühstücksboxen, aber auch das »4 Leute Frühstück« wo wirklich alles auf den Tisch kommt, was man für den Start in den Tag braucht.

Schadekgasse 12

Klein, fein, classy und vor allem im Sommer ganz wunderbar. Die Schadekgasse 12 beheimatet das Schwesterlokal des Liebling in der Zollergasse und hat einige Ähnlichkeiten zu verzeichnen. Hipster-Flair und Club Mate, guter Kaffee und zu unserem Glück auch ein paar kleine Frühstücksangebote, die durch Qualität überzeugen. Wenn im Sommer die großen Fenster geöffnet sind, dann will man eigentlich gar nicht mehr weggehen und ewig in der Sonne baden.

SCHADEKGASSE 12
Schadekgasse 12
1060 Wien

Rochus 1090

Elegant und in gewohnter Rochus-Qualität präsentiert sich der Ableger des Kultcafés im Dritten. Als Standort hat man ein geräumiges, schon von der Weite unübersehbares Lokal in der Liechtensteinstraße gewählt – zum Glück, denn Vorbeilaufen sollte man hier nicht. Viel Glas, hochwertiges Designer-Interieur und fabuloses Gespür für Licht verleihen dem Rochus 1090 das gewisse Etwas. Wem

ROCHUS 1090
Liechtensteinstraße 42
1090 Wien
www.rochus1090.at

es drinnen trotz Luster in Fäden-Optik und edelfuturistischer Barbeleuchtung zu dunkel ist, der setzt sich eben auf die Südterrasse oder in den Schanigarten. Das ganztägig bestellbare Frühstück besteht wie im Mutterlokal aus einer Basis-Box und optionalen Extras. Wer mit Stil in den Tag starten will, ist hier definitiv richtig.

FÜR NACHTEULEN UND FRÜHAUFSTEHER

Es gibt diese toten Zeiten des Tages. So zwischen 00:00 und 7:00 Uhr findet man in Wien selten Menschen auf den Straßen oder Licht in den Fenstern. Manchmal jedoch muss man einfach früh raus oder eben spät nach Hause und ist ganz verzweifelt auf der Suche nach einem Ort, wo Nachtwandler und Frühaufsteher gleichermaßen ihr Frühstück einnehmen können. Ein paar Lokale und Cafés haben wir gefunden, die in diesen schwierigen Stunden ein offenes Tor für Frühstückssuchende haben.

Kaffeeküche

KAFFEEKÜCHE
Schottentor Passage 8
1010 Wien
www.kaffeekueche.at

Die Kaffeeküche überzeugt mit einem sehr einfachen, aber ebenso erfolgreichen Konzept: guter Kaffee, Bio, ein paar einfache, aber sehr leckere Speisen und besonders viel Liebe zum Detail. Heiß- und Eisgetränke schmecken hier um einiges besser als die altbekannten Inhalte von Papierbechern. Die Schottentor Passage wurde definitiv aufgewertet durch dieses kleine Eckchen Glück. Nicht nur für ein schnelles 2Go, sondern auch für ein kleines Sitzenbleiben ist dieser Ort zu haben. Geöffnet hat die Kaffeeküche wochentags von 7:00 – 20:00 Uhr. Am Wochenende und feiertags bleibt diese Institution leider geschlossen. Trotzdem: Kaffeeküche, bleib so, wie du bist!

Café Bendl

CAFÉ BENDL
Landesgerichtsstraße 6
1010 Wien
www.bendl.wordpress.com

Wir lieben das Café Bendl. Es gibt kein besseres verrauchtes Kellerlokal in Wien, in dem man die Nächte durchdiskutieren und trinken kann. Auch die KellnerInnen im Café Bendl mitsamt ihrem Wiener Charme, können einem schnell ans Herz wachsen. Die Speisekarte gibt bis in die frühen Morgenstunden etwas her und da findet sich bestimmt ein Würstel für die hungrigen Morgenstunden. Auch der CD-Wurlitzer spielt für ein bisschen Kleingeld was das Herz begehrt. Nur aufpassen muss man, wenn die Bierdeckel fliegen – das ist eine Tradition, die wohl in Ehren gehalten wird. Hier weiß man, dass man genau das bekommt, was man will – so man das Lokal kennt. Geöffnet hat das Café Bendl von 08:00 Uhr bis »in den frühen Morgen«.

Coffee & Bread

Ob man nur am Sprung ist und einen schnellen Coffee2Go braucht, oder aber gerne ein bisschen verweilen möchte – im Coffee & Bread ist beides möglich. Eine kleine Auswahl an Brötchen, Plunder und Müsli erwartet einen schon an der Theke beim Eingang und weitere Angebote blitzen von der großen Tafel dahinter hervor. Frühstück gibt es hier unter der Woche von 7:00 bis 11:00 Uhr – danach kann man aus einer kleinen Auswahl an Gerichten und Suppen wählen. Aber besonders die Freundlichkeit der Belegschaft und das gemütliche Ambiente locken einen ins Coffee & Bread.

COFFEE & BREAD
Operngasse 24
1040 Wien
www.coffeeandbread.at

Budapest Bistro

So herzig süß lockt die große Glasfassade des doch sehr kleinen Budapest Bistro in der Pilgramgasse. Gleich da, wo der 13A halt macht, kann man vom Bus raus und gleich wieder rein in diese Bäckerei. Hier werden ungarische Spezialitäten, Frühstückskombinationen und abends auch mal ein Gläschen Wein angeboten. Es kommen Coffee2Go-Besteller ebenso wie Stammgäste mit Zeitung herein und der freundliche Besitzer ist fast immer selbst da um zu Plaudern. Im Budapest Bistro wird unter der Woche außerdem schon ab 6:00 Uhr Frühstück angeboten!

BUDAPEST BISTRO
Pilgramgasse 10
1050 Wien
www.budapestbistro.at

Café Carina

CAFÉ CARINA
Josefstädter Straße 84
1080 Wien
www.cafe-carina.at

Freitag und Samstag hat das Café Carina, das sich genau in dem Stationsgebäuder der U6 Josefstädter Straße befindet, bis 6:00 Uhr morgens geöffnet. Perfekt also, um beim letzten Absacker-Bier auch noch ein Panini zu verdrücken. Ja, das wird bestimmt kein kulinarischer Höhepunkt mehr sein, aber schmeckt nach 3:00 Uhr nicht sowieso schon alles gut? Es gibt auch eine Auswahl an verpackten Köstlichkeiten am Tresen und wenn wirklich gar nichts so richtig passend zu sein scheint, bleiben wir eben beim Bier.

Café Jonas Reindl

JONAS REINDL
Währinger Straße 2-4
1090 Wien
www.jonasreindl.at

Mit dem Café Jonas Reindl hat sich im 9. Bezirk ein Lokal niedergelassen, in dem viel Zeit und Leidenschaft steckt. In erster Linie sollte man hingehen und Kaffee bestellen, egal ob Espresso, Filter oder Verlängerter. Wer keinen mag (auch das soll vorkommen), sollte unbedingt die kalten Eigenkompositionen probieren! Aber auch für den Magen gibt es Brötchen und Snacks und natürlich auch die heißgeliebten Bagels. Unter der Woche täglich ab 7:30 Uhr geöffnet, so geht sich sogar noch ein kleines Frühstück vor der Arbeit aus!

AUS ALLER WELT

Genug vom Semmerl mit Butter und Marmelade
zum Frühstück? Muss ja auch nicht sein! In
Wien gibt es eine Reihe von Lokalen, die internationale Spezialitäten anbieten. Von Frankreich
bis Vietnam können die Frühstücks-Variationen
so verschieden wie die Kulturen sein. Ein paar
Highlights haben wir für euch gesammelt.

Le Bol

LE BOL
Neuer Markt 14
1010 Wien
www.lebol.at

Dem frankophilen Herz und Gaumen bleibt im Le Bol wahrlich kein Wunsch verwehrt. Die Speisen sind frisch, die Zutatenzusammenstellung kreativ und die Portionen üppig. Besonders die Salate werden hier gepriesen, aber auch das petit déjeuner verspricht Leckeres. Für ein Wiener Innenstadtlokal sind die angebotenen Speisen außerdem wirklich günstig. Wer also für ein, zwei Stunden jeunesse dorée spielen und Wien dafür nicht verlassen will: Das Le Bol bietet ein Stück Frankreich im Herzen von Wien.

Teehaus Haas & Haas

TEEHAUS
HAAS & HAAS
Stephansplatz 4
1010
www.haas-haas.at

Es ist ein Teehaus, aber hinter der Fassade versteckt sich um einiges mehr als »nur« Grüntee und English Breakfast. Fast nirgends in Wien gibt es eine solche Auswahl an verschiedensten Frühstücksüberraschungen. Vom chinesischen Frühstück bis zur orientalischen Eierspeise steht so ziemlich alles auf der Karte. Und die Qualität überzeugt auf ganzer Linie. Zu den Köstlichkeiten gibt es dann den Tee der Wahl und schon ist das Frühstücksglück perfekt. Wer erst nach 15:00 Uhr da ist, der kann dem Briten in sich freien Lauf lassen und bei einem Afternoon Tea Sandwiches und Süßes genießen. Diese kulinarischen Leckerbissen sollte man sich auf jeden Fall gönnen!

nykke

Das nykke ist hell, skandinavisch und direkt am Universitätscampus der WU. Die Kellner sind sehr freundlich und immer d'accord. Man lässt seine Blicke gerne über die Einrichtung streifen und bleibt deswegen auch gerne etwas länger sitzen. Bio-Fairtrade Kaffee und Bio Säfte vermischen sich mit Cörry, Wok und Sup – und das Beste: Das Frühstück wird den ganzen Tag lang serviert. Nykke steht für gute Laune und das merkt man auch!

NYKKE
Welthandelsplatz 1
1020 Wien
www.nykke.at

Café Little Britain

Da läuft einem das Wasser im Mund zusammen. Torten so üppig und zuckersüß, Bagels und Sandwiches, Scones und außerdem: Tea Time! Aber auch das Frühstück der Insel ist allseits bekannt und manchmal muss ein deftiges English Breakfast mit Baked Beans und Sausages einfach sein. Und wenn britisches Essen auch den Ruf hat, etwas eigen zu sein. Spätestens nach einem Besuch im Café Little Britain ist man felsenfest davon überzeugt, das eigen doch eigentlich eh sehr gut ist! Kombiniert mit dem britisch-süßen Ambiente will man eigentlich gleich einziehen.

CAFÉ LITTLE BRITAIN
Engerthstrasse 249
1020 Wien
www.little-britain.at

Café Ansari

Im Café Ansari genießt man so richtig die Geschmackslandschaft des Ostens. Ob Russisch bei gefülltem Ei mit Räucherlachs, Leberrolle, Rotem Rübensalat, Palatschinken mit Orangen-Topfenfülle, Brot und Wodka (!) oder Georgisch mit Adscharischem Khatschapuri (was das ist, mögen die Leser selbst

CAFÉ ANSARI
Praterstraße 15
1020 Wien
www.cafeansari.at

herausfinden), Kirsch-Tomaten-Salat mit rotem Basilikumdressing und frischen Kräutern – es schmecht unglaublich gut. Genießen kann man das Frühstück täglich, außer sonntags, von 8:00 bis 14:00 Uhr. Das Lokal selbst ist elegant, schlicht und hell eingerichtet, hölzerne Akzente verleihen dem Innenraum ein zeitgemäßes Flair. Unbedingt hinschauen!

Pierre

PIERRE
Windmühlgasse 32 /
Ecke Barnabitengasse
1060 Wien
www.cafepierre.at

Das Pierre ist eines der willkommenen Lokale, das man an einem stressigen Mariahilfer-Straße-Shopping-Tag aufsucht. Gepaart mit ein bisschen französischer Leichtigkeit und Entschleunigung wirkt der Kaffee und das Macaron wie ein Heilmittel nach der Hetzerei des Tages. Jeden Samstag und Sonntag gibt es im Pierre auch einen französischen Brunch, bei dem das Lokal als Nichtraucherlokal geführt wird. Und wer am liebsten die französische Küche gleich mit nach Hause nehmen will, der kann das sogar! Im Lokal befindet sich auch ein kleiner Shop mit französischen Spezialitäten.

Café Berfin

CAFÉ BERFIN
Siebensterngasse 46
1070 Wien

Das Café Berfin besticht mit seinem ausgezeichneten Couscous und auch sonst noch mit vielen orientalischen Spezialitäten. Hier kann man zum Beispiel auch türkischen Kaffee bestellen oder sich gemütlich auf Pölstern niederlassen und eine Shisha genießen. Am Wochenende gibt es passend zum orientalischen Flair auch Frühstück und im Sommer bieten sich die kleinen Tische vor dem Lokal an, um in der Sonne zu baden und die Zeit ein bisschen zu vergessen. Wer also nach südländischem Flair sucht, ist hier richtig!

Rote Rübe

Ausgezeichnetes Frühstück mit einem Hauch von Griechenland-Urlaub bekommt man in der Roten Rübe, einem kleinen, heimelig familiären Lokal im siebten Bezirk. Ob herrlich gefüllte Crêpes oder Omelettes, ob Frühstücks-Sets mit Olivenpaste, Artischocken in hausgemachter Olivenöl-Zitronen-Marinade, frische Rohkost oder knuspriges griechisches Vollkornbrot – hier ist der Genuss zu Hause. Die Obst- und Gemüsesäfte werden aus Karotten, Äpfeln, Orangen, Gurken, Trauben, Ingwer etc. selbst gepresst. Wer nach dem Frühstücken immer noch nicht genug von den griechischen Köstlichkeiten hat, kann diese in dem kleinen Shop der Roten Rübe käuflich erwerben.
Ein Tipp zum Schluss: Da es nicht viele Sitzplätze gibt, empfiehlt sich eine Reservierung.

ROTE RÜBE
Zieglergasse 37
1070 Wien
www.rote-rübe.com

Café der Provinz

Das Café der Provinz ist eine Mischung aus Waldviertel und Frankreich. Klingt seltsam – funktioniert aber sehr gut. Hier gibt es Crêpes und Galettes in allen Variationen und vor allem beim Frühstücksbuffet kann man sich hier

CAFÉ DER PROVINZ
Maria-Treu-Gasse 3
1080 Wien
www.cafederprovinz.at

durchkosten. Jedoch muss man schnell sein, bei dem Ansturm! Im Café der Provinz kann man gut sitzenbleiben und auch mal einen ganzen Tag im Kaffeehaus verbringen. Wenn es warm ist, hat man von den wenigen Plätzen vor der Haustüre sogar einen Blick auf die schöne Kirche Maria-Treu.

Lane & Merriman's

LANE & MERRIMAN'S
Spitalgasse 3
1090 Wien
www.laneand
merrimans.com

Nicht nur die Studierenden am Campus wird es freuen: Es gibt wieder ein neues Pub in Wien! Und zwar kein Sauflokal, sondern ein originell-rustikales Kleinod mit großartiger Küche. Rote Markisen, Kuchen unter Glaskuppeln und viele grüne Pflanzen begrüßen den Gast, das Personal ist locker und freundlich. Jeden Samstag kann man hier von 10:00 bis 14:00 Uhr auch frühstücken – wir empfehlen das »Full Irish Breakfast«, das wohl jeden Magen zu füllen vermag. Mit dabei im Lane & Merriman's (das seinen Namen übrigens zwei komödiantischen Butlern aus der Feder Oscar Wildes verdankt) ist außerdem auch eine Bio-Greißlerei. Erstanden werden können frisches Brot, Kekse, Bier, Obst und Gemüse. Liebenswert!

Weltcafé

WELTCAFÉ
Schwarzspanierstraße 15
1090 Wien
www.weltcafe.at

Gemütlich, bunt, chillig, so zeigt sich das Weltcafé seinen Gästen. Nahe am Uni-Campus gelegen, lockt das Café sein überwiegend studentisches Publikum mit herrlichem Fair-Trade Kaffee und hausgemachten Köstlichkeiten.

Aber nicht nur zum Kaffee trinken kann man hier verweilen – besonders zum Wochenend-brunch sollte man sich hier auch schon mal den Magen vollschlagen. Die Speisen im Welt-café stammen aus biologischer Landwirtschaft und sind so vielseitig wie die Welt: Egal ob indisch, italienisch, türkisch, nepalesisch oder doch einmal wieder traditionell österreichisch – hier isst man immer vorzüglich, denn das Weltcafé weiß seine Gäste zu verwöhnen!

Kent

Seit jeher ist das Kent schon eine Institution für ausgezeichnete levantinische Küche. Der Besitzer hat sich vom Schafhirten zum Ge-schäftsführer von mittlerweile schon drei Kent-Filialen in Wien hochgearbeitet und verkörpert mit seiner Leidenschaft für gute Küche den Geist des Kents. Im 10., im 15. und – die wohl bekannteste Filiale – im 16. Bezirk kann man sich von Köfte bis Kebap durchkosten. Zum Frühstück gibt es, wie könnte es auch anders sein, orientalisch-levantinische Klassiker mit einer Wiener Note.

KENT
Brunnengasse 67
1160 Wien
www.kentrestaurant.at

BRUNCHEN IN WIEN

Nichts ist so mit dem Klischee besetzt, eine
Frauen-Angelegenheit zu sein, wie der Brunch
am Sonntag. Nein, nein, natürlich – auch für
Familien, für Geburtstage und für alle möglichen Anlässe ist ein Wochenend-Brunch ein
passendes Ambiente. Die Nachfrage ist groß
und so haben Lokale, die sonst eigentlich kein
Frühstück anbieten am Wochenende ihr Augenmerk oft ausschließlich auf den Brunch gelegt.
Schaut doch selbst!

Café Restaurant Lusthaus

Das berühmte Café Restaurant Lusthaus, welches bereits 1560 ursprünglich als Treffpunkt für die kaiserliche Jagdgesellschaft errichtet wurde, stellt das eindrucksvolle Ende der Hauptallee und gleichzeitig den idealen Abstecher für nachmittägliches Gustieren dar. Kaffee und Kuchen in historischer Atmosphäre können schon etwas und der selbsternannte Praterkellner lädt zu Brunch, Lunch und Muse-stunden der feinen Art. Der Brunch findet jeden ersten Sonntag des Monats statt.

CAFÉ RESTAURANT
LUSTHAUS
Freudenau 254
1020 Wien
www.lusthaus-wien.at

Harvest

Das Café Bistrot Harvest ist fast ein rein veganes Lokal, in dem man sich wohl fühlt und genießt. Keine Spur von langweilig oder fad. Lecker ist angesagt, und das in familiär-chicem Ambiente. Der allsonntägliche Brunch im Harvest ist ganz besonders zu empfehlen. Auch Nicht-Veganern wird hier nichts fehlen, so ergiebig ist das kreativ zusammengestellte Buffet. Bei einem Bistrot, das an das Wetter angepasst bei Kälte wärmende und bei Sonne kühlende Speisen anbietet, kann man schon sagen, dass es ganz besonders auf Saisona-les und und auf die Gäste eingeht. Top!

HARVEST
Karmeliterplatz 1
1020 Wien
www.harvest-bistrot.at

Zweitbester

Samstag, Sonntag und Feiertag gibt's den Zweitbester Brunch mit allem drum und dran. Da muss man immer schnell reservieren, um

ZWEITBESTER
Heumühlgasse 2
1040 Wien
www.zweitbester.at

einen Platz im eher kleinen Lokal zu ergattern. Und der Hype, der rund um die Zweitbester Burger und das Zweitbester Abendprogramm so umgeht hilft dabei auch eher wenig. Soll heißen: Das Zweitbester ist eine Adresse, die man entweder schon kennt oder bald kennenlernt. Also schnell nächstes Wochenende um 9:30 hingehen, bis 14:00 Uhr sitzenbleiben und alles aufessen! Yummy!

Salzberg

SALZBERG
Magdalenenstraße 17
1060 Wien
www.salzberg.at

Das Salzberg ist eigentlich kein Lokal, das man nur wegen dem Frühstück erwähnen sollte, denn generell werden hier vorzügliche Speisen angeboten. Man merkt durchgehend, wie sich die Inhaber mit der Herkunft ihrer Zutaten beschäftigen und jeden Lieferanten kennen. Auch auf der Speisekarte sind Produktionsweise und Herkunft beschrieben und so findet sich der Gast sofort zurecht. Frühstück gibt es im Salzberg die ganze Woche, aber am Wochenende, wie so oft, ist das Frühstücksbuffet noch ausgiebiger als sonst. Lecker!

Mill's

RESTAURANT MILL'S
Millergasse 32
1060 Wien
www.mill32.at

Im Mill's gibt es zwar unter der Woche leider kein Frühstück, dafür ist das Brunch-Angebot umso besser. Jeden Sonntag und Feiertag kann man dort praktisch mit einem Essen alle Mahlzeiten des Tages abdecken. Der Brunch geht von 11:00 bis 16:00 Uhr und es gibt die klassischen Frühstücksgerichte wie Omelett oder Cerealien, aber auch eine immer wechselnde Auswahl an Hauptspeisen. Zum Überfluss kann man gleich mit Kaffee und Kuchen weiter machen. Und das alles in einem wunderschönen Gastgarten. Also, für den ersten Tag mit Sonnenschein einen Tisch reservieren und die Bäuche vollschlagen!

Feldberg

Eigentlich ist sie viel zu unauffällig, die Tür zum Feldberg in der Westbahnstraße. Man läuft ganz leicht daran vorbei, dabei ist es das Lokal auf jeden Fall Wert hineinzuschnuppern. Hier gibt es vegetarische Bio-Mittags-Gerichte, die so frisch und regional schmecken, wie der Name schon andeutet. Am Wochenende lockt der Brunch und falls man eine private Feier hat, kann das Lokal auch gemietet werden. Sogar Catering für zu Hause wird angeboten. Eine klare Empfehlung!

FELDBERG
Westbahnstraße 21
1070 Wien
www.feldberg.at

Caffé Latte

Alles, was ein gutes Lokal so haben sollte, das gibt es im Caffé Latte: feines Frühstück, ausgiebigen Brunchgenuss, überaus genießbaren Kaffee, eine tolle Speisekarte sowie feine Cocktails für den gemütlichen Tagesausklang. Vor allem für das Brunchbuffet am Sonntag sollte man schon früh genug reservieren. Zum Glück aber gibt es das Caffé Latte sogar zweimal – da kann man sich dann aussuchen, wo man lieber hingeht. Das Konzept ist das

CAFFÉ LATTE
Neubaugasse 39
1070 Wien
www.neubau.caffelatte.at

Hernalser Gürtel 43
1170 Wien
www.hernals.caffelatte.at

gleiche. Ein kleiner Geheimtipp: Kommt man am Geburtstag vorbei, gibt's ein gratis Gericht!

Kulin

KULIN
Siebensterngasse 14
1070 Wien
www.kulin.at

Das Kulin in der Siebensterngasse über-zeugt sonst eigentlich mit dem Cocktail- und Burrito-Angebot am Abend, aber sonntags, da ist auch das Brunchbuffet einen Besuch wert. Neben den österreichisch-continentalen Standards mischen sich auch mexikanische Spezialitäten ins Buffet und so ist es gar nicht ungewöhnlich, wenn man einmal Nachos mit Guacamole zum Frühstück verzehrt. Platz gibt es eigentlich genug, aber eine Reservie-rung kann für das Brunchbuffet eigentlich nie schaden!

Curry Insel

CURRY INSEL
Lenaugasse 4
1080 Wien
www.curryinsel.at

Wer in Wien wohnt, muss zumindest einmal in der Curry Insel gegessen haben. Es gibt sogar Gerüchte, dass Wiener Curry nirgends so gut schmeckt wie hier. Die Speisen sind frisch und würzig zubereitet, die Auswahl in der Speisekarte vielseitig und abwechslungsreich. Wer sich also durchkosten möchte, kann das beim Sonntags-Brunch am besten. Zwischen 11:00 und 15:00 Uhr werden die bestellten Speisen nach dem All-you-can-eat-Prinzip an den Tisch serviert. Kein klassisches Brunchbuffet also – und gewöhnlich sind auch die Speisen nicht: sri-lankische Vor-speisen, Linsenlaibchen und Curry!

imás!

Das imás! ist eigentlich für Cocktails und abendliches mexikanisches Flair bekannt. Jeden Sonntag kann im imás! aber auch gebruncht werden. Hierbei handelt es sich – klarerweise – um einen mexikanischen Brunch. Neben den Frühstücksklassikern werden also auch mexikanische Köstlichkeiten aufgetischt. Von 10:00 bis 16:00 Uhr kann man sich hier austoben und von Tortillas bis zu morgendlichen Nachos alles genießen.

iMÁS!
Laudongasse 36
1080 Wien
www.restaurante-mas.at

Frühstückssalon Augustin

Was da schon so schön »Frühstückssalon« heißt, das muss auch gut sein. Im Augustin hat man sich Samstag, Sonntag und Feiertag von 9:30 bis 15:00 Uhr ganz dem launchig-chilligen Ganztagsfrühstück verschrieben. Auch sonst ist das Lokal ein »must-know«, aber am Wochenende wird es irgendwie noch ein bisschen gemütlicher als sonst. Altes Interieur, freies WLAN, ein umfangreiches veganes Angebot, freundliche Bedienung und das Gefühl, gut aufgehoben zu sein. Da kann man doch nur eine Empfehlung aussprechen!

FRÜHSTÜCKSSALON
AUGUSTIN
Märzstraße 67
1150 Wien
fruehstueckssalon.
dasaugustin.at